植手通有集 1

明治思想における人間と国家

あっぷる出版社

刊行にさいして

植手通有は、一九九五年に二十五年勤めた成蹊大学を退職しました。研究生活に専念するつもりでした。その当時は、『武蔵野市百年史』の記述編（明治二二年～昭和二二年）を担当しており、まずは『武蔵野市史』を書きあげることに腐心していました。もともと極度の近眼だった視力が悪化したのはこのころでした。はじめのうちは近眼が進んだだか、または白内障ではないかと考えていたようですが、緑内障と診断されてまもなく日常生活にも不便を感じるようになりました。『武蔵野市史』は、音声テープによる資料を聞いて考えた原稿をテープに吹き込み、それをワープロで起こして完成させました。

退職後にと考えていた研究は、資料の読み込みなどができなくなったために諦めなければならなりませんでした。その失望がどれほどであったのかはわかりませんが、それを口にはしませんでした。そして新しい研究に取り組む代わりに、これまでに書いた論文を見直し、修正加筆して、より完成度をあげることを課題としたのです。

書き直すために必要と思われる資料や、論文のもとになった解題などをテープに入れて繰り返し聞くことで、新たな疑問や発見があったといいます。目で資料を追うのとは違って、テープでは求めている箇所にたどりつくまでに、そのときには必要としない文章をたどらなければなりません。それが、それまで見落としていた点に気付くことにつながったそうです。そうして、考え、調べて訂正した文章をテープにいれては、それを聴き、また考えるという作業が続きました。基礎となる論文があるとはいえ、手間と時間のかかる作業でした。

そうして何とか形にしたのが、『明治思想における人間と国家』と『徳富蘇峰論』です。いずれも未完ですが、本文は完了しているようです。繰り返し手を入れ、それでもなお良いものを目指して推敲を重ねていたため、吹き込み途中のテープが幾つもありますが、どれが最新のものかわからないので、災害時の用心にと保管していたものを最終原稿として使用しました。ただ、『明治思想における人間と国家』の、Ⅲ「蘇峰の平民主義と羯南の国民主義」は、いつも使用している棚にあったものを、内容的に最新であると思われるので使いました。『明治思想における人間と国家』のあとがきは、通有亡き後にテープを整理していて見つけたもので、やはり未完に終わっています。本人がまだ納得していないものを活字にするのはためらわれたのですが、どのような趣旨で書いたのかということが少しでも伝われればと考え直し載せることにしました。

『徳富蘇峰論』も、「はじめに」はありましたが「おわりに」はありませんでした。今度本にするにあたり改めて探しましたら、初期の原稿テープであることを示す番号のなかにそれらしきものがありましたが、やはり中途で終わっていました。しかも、まだ構想の段階であったらしく、慣用句の間違いもあり、テープの音声からも逡巡している様子がうかがえます。

『丸山真男研究』も、やはり本の解題を基礎としています。しかし解題では、その本に掲載されている論文一つひとつの解説となるため、丸山真男の著作を全体的に俯瞰したものをと考えていたようです。この論文も完成していません。推敲も不十分で、植手は亡くなる直前まで気にしていました。

原稿は、テープに吹き込まれた文章をワープロで打ち、プリントアウトして、テープの音声と付き合わせ点検するという作業によって仕上げます。音声で原稿を考えると用語や表現の重複などに気づきにくかったり、同じ事を繰りかえし述べたりすることがあります。文中に文章を付け加えたいときも、紙に書くようなわけにはいきません。思いついた文章を、そのあたりの紙に書きとめることもできません。その文章を個別に吹き込んでも、どこへ挿入するか指示することも難しいのです。テープをダビングしながら、挿入すべき箇所に新しい文章を読み入れ、続きをダビングするよりほかありません。そのために幾度も聞き直し、吹き込み直す作業がどうしても必要でした。

ワープロに打ちこむときも、テープ音声との突き合わせのときも、植手が立ち会っていましたが、それでも今回の校正作業でいくつもの間違いがみつかりました。校正のために聞き直したテープの音声がはっきりとしない箇所もありましたが、推敲前のテープなどを参考に推察で原稿にしました。断定はできませんが、内容が変わってしまうような大きな間違いはないと思っています。

今となっては何を訊ねることもできないのですから、これで良しとするほかありません。植手は、『武蔵野市史』の口述を終えて、この三冊に取り組みはじめてから十五年ほどたった二〇一一年五月末に脳梗塞の発作を起こして病院へ運ばれ、心臓発作も起こしたのですが、経過が良好となり退院を楽しみにしていたその七月末に、二度目の心臓発作で亡くなりました。もともと不整脈の症状があったため心臓には気を遣っていましたが、「人の生き死には神様の領域だから」という口癖のとおりとなりました。

生前からこの三冊を世にだすことを望んでいたため、何とか形にしたいと思っていましたが、どうすればよいのかわからずにいた折りに、政治思想史の飯田泰三先生と植手ゼミの卒業生が力を貸してくれました。出版社をあたり、原稿を点検してくれました。

そうして紆余曲折の末、元学生の担当編集者がさがしてくれた「あっぷる出版社」が未完の原稿をだしてくれることになりました。

時間はかかりましたが、こうして出版にこぎつけられたことを感謝しています。この本が、読んでくださる方々の一助になることを願っています。

植手久美子

二〇一五年三月

目次

刊行にさいして　植手久美子

凡例

I　明治草創――啓蒙と士族反乱――

はじめに……13

第一節　明治の啓蒙思想……18
――福沢諭吉を中心として――

第二節　明治政府と開化物……39

第三節　士族民権論と士族反乱……57
――過激政論雑誌を中心として――

Ⅱ　中江兆民と『三酔人経綸問答』
はじめに …… 83
第一節　民権運動最盛期の兆民 …… 86
第二節　三人の登場人物 …… 92
第三節『経綸問答』の主題 …… 98
第四節　紳士君の思想 …… 104
第五節　豪傑君の思想 …… 118
第六節　南海先生の思想 …… 127
おわりに …… 138

Ⅲ　蘇峰の平民主義と羯南の国民主義
はじめに …… 143
第一節　蘇峰の平民主義 …… 147

第二節　羯南の国民主義……168
おわりに……191

Ⅳ　日清戦争後における陸羯南

はじめに……201
第一節　戦後経営への抵抗……205
第二節　自由主義的側面の効用……212
第三節　過去の発言についての弁明……227
第四節　帝国主義＝軍国主義批判……232
第五節　欧州列強との勢力均衡の保持……250
第六節　日露戦争下の対外的発言……257
おわりに……265

あとがき……267

【凡　例】

・晩年の著者は、ほとんど失明の状態に陥ったため、本著作の執筆に当たっては、著者が口述したものを、久美子夫人が記述する形で進められた。

・本著作中の人名、固有名詞における漢字表記は、著者自身の原則にしたがい、実用漢字に含まれている漢字は、正字（旧字）を新字に改めた。

　例　丸山眞男→丸山真男　民撰議員→民選議員

・本著作中の引用文は、読者の便宜を計らって著者が現代文に改めて記述した。

・本著作は、著者の死後に刊行されるため、編集上の確認作業が不可能であり、記述内容における不備もそのままの状態で刊行せざるを得なかった。

・《　》内の文章はテープによる音声原稿にはなかったものだが、論文の文脈を考慮して編集者がつけくわえた。

I

明治草創——啓蒙と士族反乱——

はじめに

維新の変革は、西洋列強の圧力に対抗して日本の独立を達成するために、封建的な権力の割拠を克服して政治権力を集中すると同時に、封建的な身分差別を打破して、権力の基盤を民衆にまで拡大することを課題として推進された。

この過程で重要な役割を演じたのは、社会的な担い手としては下級武士と一部の豪農豪商であり、政治的な思想としては、ある点では鋭く対立する尊王論と文明開化主義であった。

尊王論は、天皇が日本の正統な君主であると強調することによって、封建的に分散した政治権力を天皇のもとに集中するとともに、武士的な主従関係の枠を打ち破って、忠誠の担い手を、脱藩した浪人や豪農・豪商にまで拡大していった。文明開化主義は、圧倒的に優越した西洋列強と対峙するには優れたその制度文物を導入するほかないと説くことによって、近代の西洋文明を導入し国民国家を形成する道を切り開いた。

このうち、歴史的にまず昂まってきたのは尊王論である。幕藩体制の弛緩と西洋列強の接近という状況に対応して、水戸学は一八二〇—三〇年代に尊皇攘夷の観念を打ちだした。この尊皇攘夷の観念は、幕末において政治的な変革を推進する動力となったが、元々の性格は反動的なものであった。

その尊皇は、将軍が天皇を尊重するならば、藩主は将軍を尊敬し、藩士は藩主を尊敬するようになるという言葉からわかるように、天皇が伝統的に持つ権威を借りて、幕藩体制の上下秩序を補強しようとするものであった。またその攘夷は、近代西洋の文物や思想が浸透してきて幕藩体制の上下秩序が崩れないようにするために、鎖国制度の精神を再確認しようとするものであった。

しかし、一八三〇年代の終わりにはじまるアヘン戦争とともに西洋列強の圧力が増大してくると、尊皇攘夷論は次第に武士層の間に浸透し、西洋列強にたいする対抗意識を昂揚させていく。一八五三年にペリーが来航し危機が一段と深刻になると、天皇が日本の正統な君主であり、国土は天皇のものであるから、全国の士民は藩の相違にかかわらず国土の防衛に力を尽くさなければならないという思想が現れた。

一八五八年に、幕府がかねて天皇の承認を得ようとしていた日米修好通商条約に天皇の承認が得られないまま調印し、正式に「開国」が実現すると、下級武士を中心として尊皇攘夷運動が展開する。この運動では、幕府に任せておくと日本は西洋諸国の植民地になるという危機意識を基礎として攘夷論が昂揚する。それにつられて尊王論も昂揚し、倒幕が主張されるようになる。

やがて攘夷論は変容し、尊皇攘夷運動は尊皇討幕運動へ発展する。一八六八年の初めには、この尊皇倒幕論と、後述する列藩会議論との対立と妥協という形をとって、王政復古が実現し新政府が成立する。この新政府のもとでは、権力が単に天皇に復古しただけではなくて、制度上も太政官制度が復活し、ごく一時的ではあったが、神道国教主義がとられた。しかし一八七一年の廃藩置県後になると、他方の文明開化主義が高まるために、復古主義の動向はいったんは大きく後退する。

この文明開化主義は、アヘン戦争後に攘夷論が昂まるなかで、西洋列強に対抗するためには優れた西洋の軍事技術を導入する必要があるという主張となって展開しはじめ、やがて軍事技術の基礎にある科学技術を導入するという主張に深まっていった。

一八五三年のペリー来航後になると、国防の問題は単なる軍事の問題ではなくて、どのようにして人心を一致結集するかという政治の問題であるとみる見方が現れる。それにつれて、近代西洋の社会政治制度にたいする関心がでてくる。この線に沿って幕末の最終段階になると、啓蒙思想家と呼ばれる人々の間では、人民の自由平等を基礎とした国民国家の構想が形成されはじめる。

もっとも、これはごく少数の知識人の間のことである。しかし西洋の議会制度の影響を受けながら形成された、いわゆる列藩会議論が、維新の過程で尊皇倒幕論とともに重要な政治的役割を演じた。この列藩会議論は、天皇のもとに各藩などの代表者によって構成される会議を設け、それに国政の決定権を委ねることを通じて、対立抗争する封建的な諸勢力を一致結集しようとするものであった。

王政復古から廃藩置県までの時期に、無力なものに過ぎなかったけれども、各藩の代表者によって構成された立法機関ないし諮問機関として、議政官下局、公議所、集議院が存在したのは、このためである。

維新後、特に廃藩置県後になると、国の自由独立を達成するには人民の自由独立を実現しなければならないという啓蒙思想が普及し、いわゆる文明開化の時代を迎える。この時期には、近代西洋の文物思想が盛んに導入され、士農工商など四民の平等も一応実現した。

私は冒頭で、維新の変革は国の独立を達成するために、政治権力を集中すると同時に、権力の基盤を民衆にまで拡大することを課題として推進されたと述べた。しかしそれは、この過程で活躍した人々が、この課題を自覚して活動したということではない。このことは時期が早くなればなるほどそうである。

水戸学は尊皇攘夷の観念を打ちだしたが、それが企図していたのは、幕藩体制の基本秩序を内外両面において再確認することであった。一八五〇年代の終わりに展開しはじめる尊皇攘夷運動では、幕府に任せておくと日本が西洋列強の植民地になるといった危機意識を基礎として、尊皇が反幕府を主張することになった。しかし当初には、それは幕府の有司の批判に過ぎなかったし、幕府否定となった後も決して封建制の否定ではなかった。

列藩会議論の場合にも、天皇のもとに各藩の代表者からなる会議を設け、これに国政の決定権を委ねることによって、封建的な諸勢力相互の間の対立抗争を克服することが企図されたが、藩が併立するという幕藩体制の枠組みそのものは自明の前提となっていた。

このように維新の過程では、そこで活動する人々は、その時々に臨機応変の処置を積み重ねている間に、変革は成り行きに従って拡大し、ペリー来航後わずか十五年ないし二十年のうちに幕府は倒され、中央集権的な統一国家と四民の平等とが実現された。いいかえるならば、活動家は自身では意図していなかった結果を次々と生みだし、結果として日本のおかれた状況が投げかける課題を実行していたのである。

そうした事情は、巨大な変革の場合には常にみられることではあるが、明治維新の実現過程においては、特に著しかったといってよい。これは社会の変革の必要を自覚し、そのための青写真を提出するような思想が未成熟であった状況のもとで、圧倒的に優越した西洋文明の圧力を受けて変革が開始し、一歩変革が進められると次の課題が現れてくるという形をとって、変革が実現したからにほかならない。

「なりゆき」ないし「はずみ」が重要な役割を演じるという動向は、変革の実現過程だけではなくて、その過程で活躍した人々の出処進退においても作用している。王政復古の実現の過程で、たとえば木戸孝允が生き延び、坂本龍馬が殺されるのは、成り行きないし弾みとしかいいようがない。同様に、副島種臣ではなくて江藤新平が佐賀の乱の主導者にかつがれたこととか、西郷隆盛が意図していなかったにもかかわらず西南戦争が一八七七年二月という時点ではじまったといったことも、成り行きないし弾みというしかない。まさにこの点に、明治草創の重要な一面がある。

第一節　明治の啓蒙思想――福沢諭吉を中心として――

(一)　明治の啓蒙

明治の啓蒙思想は、西洋列強に対抗するために西洋文明を導入するという動向の一環として展開した。幕末においてこの動向は、まず幕藩体制の基本秩序を不動の前提としたうえで、西洋の武器や、その基礎にある科学技術を導入しようという動向となって現れた。啓蒙思想は、このような「東洋道徳、西洋芸術」(佐久間象山の言葉)という立場を克服して、政治形態の面でも個人の自由平等を基礎とした西洋の制度を導入し、近代的な国民国家を形成しようとしたものである。

それは福沢諭吉・西周・津田真道・加藤弘之らによって幕末の最終段階に基礎がおかれ、明治維新以後、とくに新政府の近代化の方針が明確となる一八七一年の廃藩置県以後に力強く展開した。

一八七三(明治六)年の夏には、これら知識人の自発的な結社として明六社の結成が企てられ、翌年の二月に正式に発足する。明六社は、彼ら相互の思想の交流と民衆の啓蒙といった活動をおこなうが、啓蒙思想はこの前後数年の時期に最高潮に達した。

もちろん明六社の成員相互の間には、かなり大きな思想的な相違があった。しかし、㈠自然法的な天賦人権の思想、㈡人間の感性的な「自然」を解放し、現世的な幸福の追求を肯定する傾向、㈢人類の普遍性と歴史の進歩についてのオプティミスティックな信念、および㈣学問のモデルとして自然科学を重視する傾向、などの点では多かれ少なかれ共通性があった。彼らの思想が、一八世紀ヨーロッパの啓蒙思想になぞらえて明治の啓蒙思想と呼ばれるのは、これらの点で思想的な類似性があるからにほかならない。

啓蒙思想家の言論活動は、国際政治の問題から具体的な政治や社会の問題まで、認識論や倫理学といった哲学の問題から卑近な日常生活の風俗、慣習の問題まで、多岐にわたっている。またその発言には、西洋の制度や思想、学説の紹介・翻訳から、自身の思想の表明までが含まれている。しかしそれらを通じて、いくつかの共通の傾向が認められる。

その一つは、為政者ではなくて民衆に訴えかける傾向、しかも民衆の理性に訴えかけ、民衆を知的に啓発しようとする傾向である。これは啓蒙という言葉の、一般的な意味に合致したものといってよい。こうした関心に基づいて、西周や加藤弘之においては、徳川時代に民衆教化の第一線に立っていた石門心学や平田派の国学が使った、「でござる」調の文体が用いられた場合がある。一方、福沢諭吉においては、これまでになかったまったく新しい平易な文体が作られた。

第二は、原理への関心と現実への関心、理論的な態度と実践的な態度とが、表裏の関係で結びついていたことである。経験論的な認識論にたいする西周の関心(「知説」)は、知識の起源が感覚的な知覚にあることを明らかにすることによって、感覚的な知覚に起源を持たない伝統的な迷信を打破しようという、実践的な関心と不可分な関係にあった。

第三は、新しい原理を理論的に基礎づけることよりも、むしろ個人の自由独立を妨げる古い思想や制度・慣習を打破しようとする傾向が強かったことである。そうした彼らの批判の焦点となったのは、民衆が既存の政治的な権威に受動的に服従することを説く、国学の受動的な服従の思想や、君臣、夫子、夫妻、兄弟といった社会関係における位置およびその位置にともなうモラルを守ることを強調する儒教の名分の思想であった。

また対外論の面では、西洋諸国を卑しむべき夷狄ととらえ、それとの接触を断ち、もし接近してくる場合にはそれを打ち払うことを説く攘夷の思想を否定し、国家の平等と相互の友好を説いている。しかし、この面が強くでてくるのは、西洋諸国を卑しむべき夷狄とみる攘夷の思想が残存し、それが一面では西洋列強にたいする柔軟な対応を妨げると同時に、他面では、西洋の文物制度を導入することを妨げていた幕末から維新当初にかけてのことであった。その後になると、西洋列強をむしろ先進の文明国として賛美するような傾向が急激に拡がってくるために、啓蒙と文明開化が最高潮に達する一八七三—七五年ごろになると、西洋列強を、アジア諸国の独立を脅かす権力国家とみる見方が昂まってくる。

福沢諭吉についてみると、幕末の一八六五年に書いた『唐人往来』(写本として流通した)では、国家の平等と相互友好という国家平等の観念を一般的に説くだけではなくて、西洋諸国が日本に来たのは友好のためである、と述べている。

ところが一八七二年の初めに出版した『学問のすゝめ』初編では、「天理人道に従いて互いの交を結び、理のためにはアフリカの黒奴にも恐れ入り、道のためにはイギリス、アメリカの軍艦をも恐れず、国の恥辱とありては、日本国中の人民、一人も残らず命を捨てて国の威光を落とさざるこそ、一国の自由独立と申すべきなり」と論じている。

この文章には、まだ国家平等の観念が保持されているが、西洋列強についてのイメージは、かなり変化していることがわかる。これ以後になると、世界を蹂躙するものとして西洋列強をとらえる傾向が、ますます前面に押しだされてくる。この例からわかるように、明治の啓蒙思想はまさに駆け足で形成され、駆け足で変化していった。

(二)　福沢諭吉

明治の啓蒙思想家のなかで、福沢諭吉の存在は際だっている。福沢は、一八六七年初め（慶応二年一二月）に、『西洋事情』初編（外編は六八年、二編は七〇年）を出版している。この本は、多彩なその言論活動の発端を飾る傑作である。

福沢は、一八六〇年に咸臨丸に乗船し、二か月足らずであったが米国の西海岸を訪れた。また一八六二年には幕府の遣欧使節に随行して、六か月あまりにわたって欧州各国を巡遊した。この経験を踏まえながら、本書はアメリカ・オランダ・イギリス・ロシア・フランスなど、日本と関係が深い西洋の国々の情勢を、それぞれの歴史、政治、陸海軍および財政の四点に焦点をおいて記述している。その記述は、できるだけ客観的に紹介するという方針に貫かれているが、そこから当時の福沢の思想を読みとることは決して難しくはない。[註]

註　残っている草稿（『写本西洋事情』という題で『福沢諭吉全集』の第十九巻に収録されている）と比べると、福沢が何を載せ、何を削るかについて、かなり苦心していたことがわかる。たとえば刊本の初編では、写本にあった英国についての、次のような記事をすべて削除している。その記事とは、貧富の格差が大きいこととか、ロンドンの街頭に娼婦が立つこととか、カトリック教徒が政治的に差別されていることなどである。西洋夷狄観を打破するためには、この方がよいと判断したのであろう。

第一は、「東洋道徳・西洋芸術」という思想をはっきりと否定した立場にたって、西洋諸国の社会・政治制度を紹介し、日本へ導入しようとしていることである。初編の「小引」には、西洋の科学技術を講究するだけで「各国の政治風俗如何《いかん》を詳《つまび》らかにせざれば……その経国の本《もと》に反《かえ》らざるをもって、ただに実用に益なきのみならず、却って害を招かんもまた計るべからず」という言葉がある。

社会政治制度の把握と関連して注目しておきたいことは、社会や政治の事柄を理解する鍵は、その歴史的な由来を明らかにすることであるという一種の歴史的な思考が、『西洋事情』にすでにはっきりと現れていることである。「そもそも各国の政治風俗を観るには、その歴史を読むに若《し》くものなし」（「小引」）。「本編中各国の史記、政治等の箇条を読んで、新奇不審と思うこともあらば……その事の由って来る所以《ゆえん》の沿革を察し、その物の由って生じる所以の源因を詳らかにせば、すなわちもって大なる過ちなきに庶幾《ちか》からんか」（第二編「例言」）。

福沢の主著、『文明論之概略』のなかで、西洋文明と日本文明のあり方を対比した第八章と第九章の題が――その内容はのちに述べる――それぞれ「西洋文明の由来」と「日本文明の由来」となっていることは、よく知られているとおりである。

第二は、個人の自由平等が西洋の近代国家の基礎であるということが、明確に認識されていることである。初編の「備考」で、文明の政治の要点を六か条にわけて述べた箇所では、第一に「自主任意」を挙げて次のように説明している。「国法寛《ゆるや》かにして人を束縛せず、人々自からその好むところを為し、士を好むものは士となり、農を好むものは農となり、士農工商の間に少しも区別を立てず、もとより門閥を論ずることなく、朝廷の位をもって人を軽蔑せず、上下貴賤各々そのところを得て、毫も他人の自由を妨げずして、天稟の才力を伸べしむるを趣旨とす」。

また、米国の歴史を取りあげた箇所では、一七七六年の独立宣言を全文紹介しているが、このなかには次のような言葉がある。「天の人を生ずるは億兆皆同一轍にて、これに付与するに動かすべからざるの通義をもってす。すなわちその通義とは、人の自ら生命を保し自由を求め幸福を祈るの類にて、他よりこれを如何ともすべからざるものなり。人間《じんかん》に政府を立つる所以は、この通義を固くするための趣旨にて、政府たらんものはその臣民に満足を得せしめ、初めて真に権威あるというべし」

第三は、政体についての関心が、かなり強いことである。「備考」の第一の政治の項では、最初に君主制・貴族制・共和制という、西洋では古代からあった三つの政体について説明すると同時に、君主制に君主専制政（立君独裁）と立憲君主制（立君定律）とがあり、現今の欧州諸国では立憲君主制をとる国が多いと述べている。また、米国の政治を取りあげた箇所では、合衆国憲法を、一八〇四年の修正箇条までを含めてほぼ全文を翻訳、紹介している。この事実も、政体にたいする関心の強さを示しているといってよいだろう。

ただこの本でも、すでに政体に関する相対主義の考えが萌芽をだしており、共和制でも一八四八年のフランスの制度は、君主制のオーストリアよりも人民にとって過酷であったとか、英国の制度では君主制・貴族制・共和制の要素が混合されているなどということを指摘している。しかし、人民の自由独立の気風を確立することに主眼をおき、政体の問題に相対主義をとるような、啓蒙期の福沢を特徴づけるような思想はまだでていない。

福沢の最初の著作が、まさに『西洋事情』という題になっており、『立憲政体略』（加藤弘之、一八六八年）とか、『万国公法』（フィセリング述、西周訳、一八六八年）とか、『泰西国法論』（フィセリング述、津田真道訳、一八六八年）とか、『自由之理』（J・S・ミル著、中村正直訳、一八七二年）などではなかったことは、見逃すことができない重要な意味を持っている。

他の啓蒙思想家の場合には、西洋の個々の制度とか個々の学説に関心が向けられていたのにたいして、福沢の場合には、西洋の文明全体に関心が向けられていた。西が哲学、加藤が国家学というように、それぞれの人の専門分野がある程度はっきりと確定できるのにたいして、福沢の場合には専門分野を特定できないことが重要である。

一八七一年の廃藩置県以後に、政府が西洋の制度を政治機構や軍事・産業などの面で急激に導入しはじめると、福沢は「文明の精神」と「文明の外形」とを区別し、原理的にも時間的にも「文明の精神」を導入することを優先するべきであると説くようになる。

「文明の精神」とは、人民の独立の気風と、自然科学的実験的な思考方法を指す。そうした精神を導入するということは、福沢自身が認めているように、外形的な制度や文物のように簡単にできることではない。いいかえるならば「文明の精神」を導入するということは、外から受け入れるというよりも、むしろ内から形成していくことにほかならない。

このように、「文明の精神」をすべての人民の内部に確立することこそが、福沢にとって根本的な課題であった。それが実現してはじめて「文明の外形」を導入することも円滑におこなわれるし、日本の独立も達成できる。「一身独立して一国独立す」という『学問のすゝめ』第三編の言葉は、このことを意味している。

「文明の精神」を人民の内部に確立するという仕事は、福沢によれば政府が実行できることではなかった。歴史的にみて、政府の専制抑圧と人民の卑屈不誠実とは相互に原因結果の関係にあるために、政府が専制という中身を変えて人民に文明開化を押しつけようとしても、それが政府の行為である限り、人民の卑屈不誠実という現状を打破することはできないからである。

啓蒙専制にたいする批判は、福沢を他の啓蒙思想家から区別する、基本的な相違点の一つであった。明治維新以後には、福沢は他の啓蒙思想家のように政府に勤めることはなく、民間にいて人民にたいし啓蒙をおこなうと同時に、「私立」の模範を示し続けた。このような福沢の態度は、明六社が正式に発足するにあたって書いた『学問のすゝめ』第四編の「学者の職分を論ず」に、明確に説明されている。

西洋文明を導入することが、「文明の精神」を確立すること、つまり人民独立の気風と自然科学的、実験的な思考方法を確立することであってみれば、西洋の文物を西洋の文物であるという理由だけで無批判に信ずるような西洋賛美の傾向とは、むしろ対立することは明らかである。『学問のすゝめ』第十五編の「事物を疑って取捨を断ずること」では、それまで伝統を無批判に信じていたのと同じ姿勢で、西洋の文物ならば何でも信ずるような、いわば集団転向の傾向をえぐりだして次のように説いている。

「吾が人民の精神において、この数千年の習慣に疑いを容れたるその原因を尋ぬれば、初めて国を開きて西洋諸国に交わり、彼の文明の有様を見てその美を信じ、これに倣《なら》わんとして我が旧習に疑いを容れたるものなれば、恰《あたか》もこれを自発の疑いというべからず。ただ旧を信ずるの信をもって新を信じ、昔日は人心の信、東にありしもの、今日はその処を移して西に転じたるのみにして、その信疑の取捨如何に至っては、果たして的当の明あるを保すべからず」

こうして啓蒙期の福沢では、西洋文明を導入するにあたり「取捨の明」を持つことが強調されたが、一八八〇年代の半ばに「脱亜論」を唱えるようになると、事態は変わってくる。私の解釈では、脱亜論とは、西洋諸国に条約改正を認めさせること、および極東において中国よりも日本を信用させること、といった外交の方策として、日本の文物制度を西洋風にすることを説いたものである。この脱亜論の時期になると、西洋文明の何が長所で何が短所であるかを取捨選択することは、尋常の知識では至難であるし、長所を摂取しようとすれば短所も伴ってくるものである、という理由をあげて、西洋の文物を全面的に導入し、亜細亜の東岸に「一新西洋国を始創」することが唱道された(「外交論」八三年九月二九日―一〇月四日)。

福沢が「脱亜」という言葉を使ったのは、一八八五年三月一六日に『時事新報』に掲載した「脱亜論」だけであるが、それは福沢が、西洋列強対アジアという思考の枠組みから脱却すると同時に、アジア大陸への膨張論を展開しはじめる時期と重なるために、これらと関連づけて「脱亜論」をとらえる傾向が広く普及している。

このうちの前者は脱亜論と結びついているが、後者はそれと関係はない。もし大陸への膨張論と脱亜論とを結びつけてとらえると、先に挙げた二つの外交目標が一応実現した日清戦争以後、しかも日本の海外への膨張が本格的に展開しはじめる日清戦争以後に、「脱亜」とか「脱亜入欧」という発言が、「脱亜」とか「脱亜入欧」という言葉で要約できるような発言をも含めて、福沢以外でもまったくみられなくなるという理由が説明できない。また、第一次大戦中に文字通りこの言葉を使って本格的に成立する「大アジア主義」が、その後において日本がアジア大陸に向かって侵出した、もっとも主要な動力であったことは覆い隠されてしまう危険がある。

一言付け加えると、私がアジア主義と対置して考えるのは脱亜論ではなくて、西洋列強との協調主義である。それは、一九〇二年に締結された日英同盟以後に本格的に展開するが、脱亜論はその前駆的な形態とみてよいだろう。

啓蒙期の福沢は、「文明の精神」の確立を妨げる伝統的な思想や制度慣習、たとえば官尊民卑の傾向を打破するために獅子奮迅の働きをした。それとの関連で、ここでとくに注目しておきたいことは、『文明論之概略』の第八章「西洋文明の由来」と、第九章「日本文明の由来」で、福沢が西洋文明と日本文明のあり方を対比していたことである。

福沢によると、西洋文明の特徴は、さまざまな社会的な要素が対立しつつ全体として調和を保っているところにあり、個人の自由はそのようなところに発生した。これにたいして日本文明は「権力の偏重」と特徴づけることができる。「権力の偏重」とは、たんに政府と人民との関係だけではなくて、夫婦、親子、兄弟や、男女、老若あるいは雇い主と被雇い人など、あらゆる社会関係が上下の関係となっていること、事実として上下の関係となっているだけではなくて、価値のうえで上下の関係となっていることをいう。

「日本にて権力の偏重なるは、あまねくその人間交際の中に浸潤して、至らざるところなし……今の学者、権力のことを論ずるには、ただ政府と人民とのみを相対して、あるいは政府の専制を怒り、あるいは人民の跋扈を咎むる者多しといえども、よく事実を詳らかにして細かに吟味すれば、この偏重は交際の至大なるものより至小なるものにおよび、大小を問わず、公私に拘わらず、苟《いや》しくもここに交際あればその権力偏重ならざるはなし。その趣きを形容していえば……三角四面の結晶物を砕いて、千分となし万分となし、ついに細粉となすも、その一分子はなお三角四面の本色を失わず、またこの砕粉を合して一小片となし、また合して一塊となすも、その物は依然として三角四面の形を保つがごとし。権力偏重の一般にあまねくして、事々物々、微細緻密の極にまで通達する有様はかくのごとし」

福沢によれば、政府の専制は社会関係全体に構造化されている「権力の偏重」の一形態にすぎないから、「権力の偏重」という社会の構造を打破しなければ、打倒することができない。こうして福沢の活動は、親子男女、師弟主従、貧富貴賤、新参古参、本家末家等々、社会全体に貫徹する「権力の偏重」を打破することに向けられた。いいかえれば、社会の最頂点と最底辺の人を除いて、すべての人が上位の人には卑屈な態度をとり、下位の人には傲慢な態度をとるという「強圧抑制の循環」を断ち切ることに捧げられた。

社会全体にはびこる「権力の偏重」という制度慣習を打破しようとする活動の目覚ましかった反面において、福沢は明治政府の変革については比較的に消極的であり、むしろ政府にたいし好意的であったとすらいってよい。政府のあり方は社会全体の構造、いいかえれば人民の気風の、いわば上部構造とみるために——『学問のすゝめ』初編には「愚民の上に苛《から》き政府あり」という言葉がある——政府の変革には、第二義的な重要さしか認めないわけである。この点は、政府を変革することを通じて、日本全体の変革を実現しようとした自由民権派と福沢を区別する基本的な相違点の一つであった。

福沢が、明治政府にたいし比較的に好意的であったことには、これ以外に次のような理由が考えられる。その一つは、明治政府がよい意味で福沢の予想を裏切ったことである。幕末維新の状況からみて、福沢は、王政復古後の新政府は攘夷討ち払いをおこなうのではないかと予想していたふしがある。ところが新政府は、開国和親の方針を打ちだしただけではなくて、まもなく文明開化を実行した。こうした事情が、明治政府にたいする福沢の評価を甘くしたように思われる。

第二は、福沢が発展段階論的な歴史観をとっていたことである。歴史は一歩一歩段階を踏んで進んでいくものであるから、ある段階を飛び越えることは不可能であるし、強いてそのようなことをすれば、激しい混乱がもたらされるというように考えるために、さしあたりは、明治政府程度の政府でやむを得ないとみたわけである。

野蛮―半開―文明という福沢のとらえ方とは異なって、中江兆民など自由民権派の理論的指導者は、君主専制―立憲君主制―民主制（共和制）という、政治形態中心の発展段階論をとっていたが、彼らが立憲君主制を当面の目標としたのも、この発展段階論に原因がある。自由民権派のなかに共和制の伝統を探ろうとする現在の研究者が失望するのはこのためである。しかし逆にいえば、福沢も中江らも将来、共和制となるのは歴史の必然であると考えていた。このように考えていた人は、それほど例外的であったとは思われない。一八七〇年代の半ばに活動する士族民権派には、発展段階論とは対照的な思想態度が現れることについては後に述べる。

一八七〇年代の後半に入るころから、福沢の思想に変化がでてくる。私のみるところでは、これは状況の変化に伴って、長期的な課題と短期的な課題とが分化してきたことに原因がある。それまでの福沢は、西洋文明を根底から導入して、独立の気風と自然科学的実験的な思考方法を人民全体の内に確立するという課題を提示し、その前に立ちはだかる伝統的な思想や制度・慣習を打破することに渾身の力をそそいでいた。

いうまでもなくこの課題は、短期間で実現できることではなくて長期間かかることである。文明開化の軌道が一応敷かれた後になると、このような根本的な課題を提示しているだけではすまなくなる。強まることはあっても弱まることはなかった西洋列強のアジアへの侵出に備えて、政治や軍事や産業の制度をどのように整備し、対外的にどのような政策を採るべきかということについて、具体的な方針を打ちだしていくことが必要となる。福沢自身の言葉を借りていえば、古い制度慣習の「掃除破壊」から、新しい制度文物の「建置経営」に進まざるを得ないことになる（未完草稿「掃除破壊と建置経営」参照）。

こうした状況が進行しはじめた一八七六年の終わりころから、福沢は非道徳的な民衆を教化するには、方便として宗教が必要であると説くようになる。「大酒博打の害、盛んに行われて、泥棒人殺しの沙汰多く、姦通も絶えず、夫婦げんかも止まざる世の中なれば、たまたまこれらの悪事を禁ずるものあらんには、その金比羅に依頼し、耶蘇に頼るにかかわらず、如何ぞこれを用捨せざるべけんや」（「宗教の必要なるを論ず」『家庭叢談』一一月四日）

これは、民衆全体を啓蒙して、独立の気風と自然科学的実験的な思考方法を確立しようとした啓蒙期の思想からの、重大な逸脱といわなければならない。もっとも、福沢自身は長期的な課題を決して見失ったわけではない。一八八五年六月に発表した「日本婦人論」を皮切りにして、福沢は数年間にわたり一連の長編の論文を『時事新報』に掲載し、家族や男女関係の道徳と制度慣習を改革することに熱心に取り組んでいる。

これは条約改正の実現という当面の目標とも関連していたが、そのなかの「日本婦人論」では、家の制度つまり男系で継続する家の存続と発展を最高の価値とする家の制度を否定して、「男女の同権」を主張している。しかもその関連で、女性の心身の健全を計るには、その情欲を抑圧してはならないとすら説いている。他の長編の社説とは異なって、この社説だけは『時事新報』に連載されただけで、その直後に単行本にはならなかった。当時としては、論旨があまりにも激烈であったからであろう。

家族や男女関係をめぐる福沢の思想は、明治草創の時期よりもはるかに深く掘り下げられているが、この例からもわかるように、福沢の思想の変化を一筋縄でとらえることは決して容易ではない。しかし福沢が、非道徳的な民衆には宗教が必要であるといったときに、福沢の啓蒙時代、したがってまた、明治の啓蒙思想の時代は終わったといってよいのではなかろうか。

㈢　中村正直と加藤弘之

ここで啓蒙の時期における中村正直と加藤弘之を、簡単にみておくことにしよう。中村正直は、若くして幕府の御儒者《おじゅしゃ》に登用された人物であり、おそらく一生の間、儒教を信奉しつづけた。その一方で、明治になってからキリスト教に入信し洗礼を受けた。しかし一八九一年に死去したさいには、遺志に従って仏式の葬儀が営まれたという。福沢諭吉が民衆教化の手段として宗教を利用しながらも自らは宗教を信ぜず、また生涯を通じて儒教を排撃していたのと比べると、中村はまさに対照的であったといってよいだろう。

西洋文明の根底を、福沢が人民の独立の気風と自然科学的実験的な思考方法に求めたのにたいして、中村はキリスト教に求めた。しかし中村がキリスト教を導入しようとするのは、それが西洋文明の根底であったばかりではなくて、西洋諸国の富国強兵の基礎であったからでもある。その限りでは、福沢が西洋文明の精神を導入しようとするのと、何の変わりもない。「泰西人の上書に擬す」（一八七〇年）には、次のような言葉がある。

「陛下それまた西国の富強なる所以を知るか。その富強の原《もと》は国に仁人勇士多きに由る。仁人勇士の多く出づる所以は、教法の信心・望心・愛心に由るにあらざるものなし。西国は教法をもって精神となし、これをもって治化の源となす。独りこれのみにあらず、絶妙の技芸、精巧の器機に至っては、創造するものあり、修改するものあり。その勤勉忍耐の大勢力、ひとつも信望愛の三得に根せざるものなし。けだし今日の西国の景象なるものは、教法の華葉の外茂するものに過ぎず。しこうして教法なるものは、実に西国の本根の内托するものなり」

しかも中村が、どういう点にキリスト教の意義を認めていたかということをみると、福沢との間に共通面が浮かんでくる。まず第一に、西洋の精巧な科学技術が、キリスト教に基づくとされていることである。ただ、中村が両者の関係をきちっと説明した例はないし、自然科学ないし自然科学的方法の意義を説いた例もない。したがってこの点は、単なる外面的な類似点といったほうがよいかもしれない。

第二に、人民の自主自由がキリスト教を基礎とするとされていることである。この点は右の引用文では、必ずしもそれほど明瞭ではない。しかし、S・スマイルズの〈Selfhelp〉を翻訳した『西国立志編』（一八七一年七月）のなかにでてくる次のような言葉をみると、中村が国の独立・国の強弱は人民の自主権に基づき、人民の自主権は人民の自主の志行に基づき、人民の自主の志行はキリスト教に基づくと考えていたことがわかる。

「子、兵強ければ、即ち国頼《よ》りて以て治安なりというか。かつ西国の強は兵に由るというか。これ大いに然《しか》らず。それ西国の強きは、人民の篤《あつ》く天道を信ずるに由る。人民に自主の権あるに由る。政寛《ゆる》やかに法公《おおや》けなるに由る……スマイルス曰《ママ》わく国の強弱は人民の品行に関《か》かる、と。また曰わく、真実良善は品行の本たり、と」(「自助論第一編序」)

「国に自主の権ある所以は、人民に自主の権あるに由る。人民に自主の権ある所以は、自主の志行あるに由る」(「西国立志編の後に書す」)

近代西洋における個人の自主自由の精神について、キリスト教と関連づけてとらえる中村の解釈と、キリスト教とは無関係にとらえる福沢の解釈との、いずれが歴史的な認識としてより適切であるかという問題は、今は開かれたままにしておこう。ここでは、中村正直のように自己の修養と信仰に生きる敬虔な人物も、キリスト教を基礎とする西洋諸国の対外的な行動にたいしては、強い不信を抱いていたことを付け加えておきたい。

「西国は近時大いに刑罰を省く。然れどもなおいまだ全く干戈を戢《や》むることあたわず。あにその教化いまだ洽《あまね》からざるものあるか。そもそも宇宙泰運の期いまだ至らざるか」(「自助論第一編序」)

逆にいえば、中村も強いナショナリズムの意識を持っており「真正の開化日新に進み、富強の邦となり、万国と対峙することを得んことを欲す」(「泰西人の上書に擬す」)という言葉が示すように、日本の独立と発展を熱心に望んでいたのである。

加藤弘之は、福沢諭吉と同様に世俗の人であったが、福沢とは異なって政府の役割を重視し、政府によって改革を推進しようとした。加藤が生涯にわたって役人でありつづけたのは、このためである。

一八七四年一月に、前参議板垣退助らが民選議院設立建白をおこなうと、加藤は次のように論じて、その尚早論を唱えている。日本のように遅れた国で民選議院を開けば「その公議決定するところの果実は、おそらくは愚論取るに足らざるもののみならん。愚論なお可なり。あるいはこれに由って国家の大害生ざざるを保つ能わず」(板垣退助監修『自由党史』所引)。

ただ、加藤も天賦人権を説き、政府が暴政をおこなう場合には、それに抵抗するのが人民の権利であり義務であると論じている。「君主政府敢えて……暴政を行い人民を残害する、いよいよ甚だしく到底免かるる道なきに至れば、やむを得ず君主政府に抗して、暴政の大災害を免かれ、もって天賦の人権を全うせざるべからず」(『国体新論』(一八七五年)第五章)。

このため、『国体新論』の同じ第五章にある「(政府にたいして)人民には二個の姿あり。すなわち権利を有する姿と、および義務を負える姿これなり。しかしてこの二個の姿あるがゆえに、また二個の称あり。すなわち権利を有する姿については民と称し、義務を負える姿については臣と称するなり」という言葉を漫然と読むと、加藤もルソーや福沢と同じように、近代民主主義のもとにおける人民の二つの資格、つまり主権の構成員の一人としての面と、主権による支配の対象の面をいっているかのような錯覚にとらえられる。

ルソーの『社会契約論』第一編、第六章には、「個々の人民は主権に参与するものとしては国民(Citoyens)、国家の法に服従するものとしては臣民（Sujets）と呼ばれる」という言葉がある。

また、福沢の『学問のすゝめ』第七編の「国民の職分を論ず」には、「およそ国民たるものは、一人の身にして二箇条の勤《つとめ》あり。その一の勤は、政府の下に立つ一人の民たるところにてこれを論ず。すなわち客の積もりなり。その二の勤は、国中の人民申し合わせて一国と名づくる会社を結び、社の法を立ててこれを施しおこなうことなり。すなわち主人の積もりなり」とある。

しかし、加藤のいう人民の権利とは、政府から保護を受ける人民の受動的な権利に過ぎず、ルソーや福沢の説く人民主権の構成員としての権利ではない。したがって加藤のいう人民の二個の姿とは、人民は政府から保護を受ける反面として、政府にたいし納税や兵役の義務を負うという二面をいうに過ぎない。

この点は『国体新論』の同じ章にある、次のような言葉をみれば明らかである。

「人民は国家の主眼にして、君主政府は特に人民のために存在するものなれば、人民はただ君主政府の保護を受けてその安全を得るがゆえに、敢えてその保護を求むるの権利を有す」

儒教には、人民は国の本であるから君主は人民のためになる政治をしなければならないという観念があった。これを、儒教の安民の観念とか、民本主義の思想という。加藤における人民の権利の観念は、人民のためになる政治をしなければならないという君主の職分を、一歩押し進めて人民の側からとらえ直したものといってよいだろう。加藤の場合には、このように、新しい思想がどのようにして形成されたかという筋道がよくわかる。加藤を研究する一つの重要な意味は、この点にあるといってよいだろう。

しかしこの加藤も、『国体新論』第六章の「人民自由の権利、および自由の精神」では、天皇にたいして没我的な献身を説く国学の思想、「常に天皇を敬戴し、ひたすら天皇の御心をもって心とし、敢えて朝命に違背すべからず」という観念を厳しく否定し、次のように論じている。

「天皇の御心をもって心とせよとは何事ぞや。これすなわち例の卑屈心を吐露したる愚論なり。欧州にてかくの如き卑屈心ある人民を称して、心の奴隷という。吾輩人民もまた天皇と同じく人類なれば、各々一己の心を備え、自由の精神を有する者なり。何ぞこの心この精神を放擲して、ひたすら天皇の御心をもって心とするの理あらんや。吾輩人民もし自己の心を放擲し、ひたすら天皇の御心をもって心とするに至らば、あにほとんど牛馬と異なるところあるを得んや。天下の人民悉《しっかい》皆牛馬となるにいたらば、その結局の有様如何ぞや。人民各々自由の精神を備えてこそ、実際上の自由権をも握り得べく、したがって国家も安寧を得、国力も強盛を致すべきに、もし我邦人民この精神を棄て、ひたすら天皇の御心にのみ従い、したがって実際上に自由権を失うを甘んずるに至らば、我国の独立不羈はほとんど難きことなり。国学者流が卑屈論の弊害、あに浅尠《せんせん》ならんや。この故に人民愛国の心ある者は、すべからくこの精神を育成するを務べし」

これを読んで注目されることの第一は、政府に保護を受ける人民の権利という前章までの権利観念の枠を踏みこえて、この章では人民の自由の精神、人民の自発性とそれを支える自由の権利を主張する傾向が、はっきりとでていることである。「吾輩人民」という言葉遣いは、この章と後述する「総論」の一部分だけにでてくるものであって、他の章の書き方とは明らかに異なっている。

第二は、人民の自由の精神と自由の権利の主張が、日本の対外的な独立を達成するという愛国心ないしナショナリズムの意識からでていることである。明治の半ば以後になると、人民の自由の観念と愛国心とは乖離しはじめ、むしろ対立するようになるが、明治の初年には両者は密接に結びついていた。

第三は、加藤のように万世一系の天皇が永久に存続することを望んでいた人物も、天皇を人民とは「異類の」存在ととらえ神格化する国学流の考えには、反対であったということである。『国体新論』冒頭の「総論」にも次のような言葉がある。

「天皇と人民とは決して異類のものにあらず。天皇も人なり、人民も人なれば、ただ同一の人類中において尊卑上下の分あるのみ。決して人畜の懸隔あるにあらず……天皇は吾輩人民と同じく人類なればたとい天皇の権といえども、吾輩人民を待つに、牛馬をもってしたまうを善しとするの理は決してあるべからず」

このような言葉には、文明開化の時期の開かれた精神と、合理的な思考態度とが脈打っているといってよいだろう(啓蒙期の加藤には、自然科学を尊重する態度は認められない。加藤が進化論を利用するようになるのは、一八七〇年代の終わり以後の、いわば反動期に入った以後のことである。一言付言しておく)。

第二節　明治政府と開化物

(一)　明治政府

西洋列強に対抗するために、西洋の思想や制度を導入しようとする文明開化主義は、明治維新の成立当初から新政府のうちに存在していた。一八六八年四月に発布された五か条の誓文には、「旧来の陋習を破り天地の公道に基づくべし」と、「知識を世界に求め大いに皇基を振起すべし」という二つの箇条があった。ただ維新当初には、もう一方の王政復古主義の動向の方が強く現れ、太政官制度が復活しただけではなくて、一時は祭政一致、神道国教主義がとられた。しかし一八七一年八月には、廃藩置県が実施され、近代的な中央集権的国家体制が展開しはじめる。士農工商など四民の平等も一応実現し、田畑の勝手作りの禁止とか田畑の永代売買の禁止といった封建的な規制も廃止された。

一八七二年と七三年には、新しい学校体系を定めた学制の制定、士族の存在理由を奪った徴兵令の施行、土地の所有権と地租の金納を定めた地租改正条例の実施といった重大な改革が、矢継ぎばやに実行されている。

こうした西洋化・近代化の一環として、欧米の立憲制を導入しようとする動向が、明治政府の当初から存在していた。これには、次のような事情が背景となっていた。第一は、明治維新が尊皇討幕派と列藩会議派の、対立と妥協という形をとって進行したために、新政府は、当初には列藩会議派の意向を尊重する必要があったことである。五か条の誓文の第一条は、「広く会議を興し、万機公論に決すべし」であったが、草案の一つには「列候会議を興し……」とあり、この関係がよくでていた。

その後も、一八七一年の廃藩置県までの間には、無力の存在ではあったが、はじめは立法機関、後には単なる諮問機関として、各藩の代表者によって構成された議政官下局、公議所、集議院という制度が存在した。これらは有名無実の存在に近かったけれども、これらが作られたのにはそれなりの根拠があった。

第二は、尊皇討幕派にかつがれて、天皇が「万機の親裁」者となったが、実際には政治的に無力であったことである。天皇が無力であれば、天皇が無力であっても国政がうまくおこなわれるような制度を作ることが必要となる。岩倉具視が、一八六九年初めの意見書で「臣子の分としてこれを言うにはばかるといえども、明天子賢宰相の出づるを待たずとも、おのずから国家を保守するに足るの制度を確立するにあらざれば不可なり」(「政体のこと」)といっているのは、この意味であろう。

ただ、この箇所で岩倉が実際に説いているのは、どの官職であれ門地にかかわらず人材を登用するということだけであるが、その後の「議事院の事」という項では、将来において「議事院を設置し、施政の法度は衆議に附したるうえ廟議一決し、宸裁をへて施行せば、たとい異論百出するも容易にこれを変更する事を得ず。かくの如くなれば朝権おのずから重く、億兆これを信じ、朝令暮改の誹謗は自然に弭止《びし》すべし」という言葉がある。

第三は、すでに述べたように維新の過程では、成り行きにしたがって変革に弾みがつき、活動家が意図しなかった結果を次々と生みだすという形をとって変革が実現したために、新政府の内部には雑多な思想的立場の人々が入りこんでいただけではなくて、藩閥的な情実がそれに伴う混乱と不統一をいっそう強化していたことである。こうした政府の不統一と藩閥的な情実の方向を克服するために、憲法を制定し政体を確立することが急務とされた。

一八七三年の「立憲政体に関する意見書」で、大久保利通は「君民共議、もって確乎不抜の国憲を制定」し、君民共治の政体を確立することを説き、「この体ひとたび確立するときは、すなわち百官有司、ほしいままに臆断をもって事務を処せず。施行するところ一轍の準拠ありて、変化換散のうれいなく、民力政権并馳《へいち》して開化虚行せず、これ建国の楨幹《ていかん》、為政の本源にして」と述べている。この文章には、右のような関心がはっきりとでているといってよかろう。

こうした憲法制定論は、一つのディレンマを含んでいる。というのは、政府の不統一・不安定を克服するために憲法の制定が主張されるが、政府が不統一・不安定であれば、根本法規としての憲法を制定することなど不可能だからである。明治維新の当初から憲法の制定が叫ばれながら、自由民権運動が興隆し、その圧力を受けるまで憲法の制定が具体化しなかったのはそのためである。

しかし、立憲制を導入しようとした最大の理由は、欧米列強に対抗するには、人民に自由権利を保障することを通じて、そのエネルギーを伸張し、それを国家に結集する必要があると考えられたことである。このために、明治初年には政府が率先して人民に自由権利を付与し、士族と平民を平等な国民に生まれ変わらせることが試みられた。一八七二年一二月に太政官がだした徴兵の告諭には、「大政維新、列藩版図を奉還し、辛未《しんび》の歳(一八七一年)に及び遠く郡県のいにしえに復す。世襲坐食の士は、その禄を減じ、刀剣を脱するを許し、四民ようやく自由の権を得せしめんとす。これ上下を平均し、人権を斉一にする道にして、すなわち兵農を合一にする基なり」という言葉がある。

この場合には、士族を平民の次元にまで押し下げ、両者を平準化するという色彩が強かった。しかし、それだけにとどまらず、人民全体を教育して自由独立の主体に高めていこうとする傾向も存在していた。

明治新政府のなかで、人民全体を啓蒙することにもっとも熱心であったのは、おそらく木戸孝允であった。木戸は、一部の指導者の努力だけによっては、西洋列強に対抗することができない点を明確に認識していた。一八六九年一月の普通教育新興に関する建白書案には、「一般の人民、無識貧弱にして、ついに今日の体面を一変せざる時は、たとい二、三の英豪、朝政を補賛つかまつり候とも、決して全国の富強を振起することあたわず……。元来国の富強は人民の富強にして、一般の人民無識貧弱の境を離るる能わざるときは、王政維新の美名も到底空名に属し、世界富強の各国に対峙するの目的も必ずその実を失う」と論じている。

一八七三年の憲法制定の建言書でも、木戸は次のように説いている。「一、二の賢明、独りその身の利達を負《たの》んで、民意の向背を察せず、ひたすら功名を企望し、要路の一局に拠りて威権を偏持し、しこうして万緒国務の多き、毎事これを文明の各国に擬似せんと欲し、軽躁これを施行するにいたらば、国歩の運厄もって累卵の危うきを招くべきなり。孝允等また恐らくは、他日その責を免かるることあたわず」

ただ木戸の場合、人民が開化していない状況のもとでは、人民を啓蒙することはどこまでも政府の仕事であるだけではなくて、さしあたっては憲法を作ることも政府の仕事である。先の憲法制定の建言書にも、「然りといえども、一国なお不化に属し、文明いまだ洽《あま》ねからざれば、しばらく君主の英断をもって一致協合せる民意を迎え、代わりて国務を条列し、その裁判を課して有司に附托し、もって人民を文明の域に導かざるを得ず」と説いていた。人民の開化を押し進めるには、現状において何がもっとも必要であるかを君主が判断し実行していくべきである、というのである。

木戸の日記の一八七三年一一月二〇日の条には、伊藤博文の質問に答えて、政体について基本的な点を述べたとある。そのなかに「建国の大法はデスポチックにこれなくては、相立ち申すまじく(これには愚案これあり候)、ほかに教育一般と兵制は、容易にデスポチックは止められ申さず候」と書いてある。教育および軍事と同じように、憲法の制定も何が民情に即しているかを判断して政府が独断専行するほかない、というわけである。

新政府最大の啓蒙専制主義者木戸においては、何が人民の状勢にもっとも適しているかという判断は、すべて彼の主観に任されることになるが、彼の判断は必ずしも政府部内において優勢ではなく、木戸は辞官と復職とを繰り返しながら次第に孤立化していく。また木戸においては、いつ政府による啓蒙専制が必要でなくなったかということを判断するという重要な問題も彼の主観に任されており、自由民権運動が興隆してくると、木戸はこの難問に直面するはずであった。しかし幸か不幸か、彼はその前に死去した。

木戸と比較すると、大久保利通は、憲法を制定することによって国家体制の基礎を確立し、中央と地方とを通じて国家機関の運営に統一性と安定性を確保するという点に、はるかに大きな関心を注いでいた。

もちろん、そうした関心が木戸にもあったのと同じように、大久保にも人民の権利を認め、その能力を自由に発展させることが、国家の独立の基礎となるという思想があった。たとえば立憲政体に関する意見書では、英国の国力が盛んで国威が海外に振るう理由として、「三千二百余万の民（これは当時の日本の人口とそれほど違いがない――植手）各々己の権利を達せんがため、その国の自主を謀り、その君長もまた人民の才力を通暢せしむるの良政あるをもってなり」と述べていた。しかし大久保においては、欧米列強に対峙するために、人民全体を啓蒙し組織化していこうとする姿勢は、木戸よりもはるかに弱かった。

伊藤博文は、木戸と大久保の中間にいたといってよかろう。伊藤の場合にも、人民のエネルギーを組織化することを通じて、列強に対峙しようとする態度がはっきりとあった。これは少しあとのものだが、憲法発布の一か月半ばかりのちに大津でおこなった講演では、明治憲法が自由民権運動の圧力に押されてできたという見解を否定しながら、憲法発布の由来について、次のように説いている。

「人民を教育して文化の域に導き、権利自由を与え、内は一国の進運を図り、外は他国にたいしては赫々《かくかく》たる国威を発揚せられんとするは、恐れ多くも我が今上陛下の叡慮にして実に維新以来の聖謨《せいぼ》なり」（稲田正次『明治憲法成立史の研究』所引）

一八九〇年代末になると、伊藤は一八八一年の政変以来の反動期、つまり自由民権運動にたいして既成権力を守ることに汲々としていた時期を脱却して、自ら政党の組織化に乗りだすが、そのさいに伊藤の念頭にあったのは、政党を通じて国力を結集することであり、特に商工の実業家を組織し、帝国主義の時代における国際的な商工の戦争に備えることであった。

「国民の政治的自覚と国運の発展」という一八九九年の演説には、次のような言葉がある。「国威を進めるといっても、議論は役に立たぬ。何物が進めるかといえば、すなわち国民の力でなければならぬ。独り政治のみではない。政治と国民の力を発達して、始めて国威を宣揚することができるのである……そもそも文明の政治とは如何なるものであるかとよく研磨してみると、すなわち人民の知能を発達し、しこうして一定秩序の範囲において人民のまさに享受すべき権利を得て、しこうしてそれを統合した所のものが、文明的の国家でなければならぬ」。明治草創の時期については、適当な資料がみつからなかったためにやむを得ずかなりのちの発言を紹介した――しかし伊藤ののちの発言を知ることは、明治初年における政府の動向を理解するうえで参考になるだろう――。明治初年の伊藤を木戸と較べると、伊藤には木戸ほど人民全体を啓蒙しようとする意欲、いいかえれば啓蒙専制をおこなおうという意欲がなかった反面、西洋の既成の制度、福沢のいわゆる「文明の外形」を、より積極的に導入しようとする傾向があったように思われる。

このように、人によってニュアンスの差があったが、新政府の指導的な政治家は、立憲制にしなければ日本の独立と発展を達成できないと共通して考えていた。しかもその立憲政体についての見解は、一八八〇年代以後の政府の指導者の場合とは、ある点では鋭く異なっていた。

木戸孝允の場合には、政府が人民の情況を判断して独断専行しなければ憲法を作ることができないとしていたが、それはさしあたってのことである。木戸も、憲法は本来人民の意志に基づいて作るべきものであり、将来には真の立憲制に背かない憲法を作らなければならないと考えていた。つまり、福沢諭吉や自由民権の理論的な指導者と類似した歴史観を採りながら、人民の開化の程度についての現状判断、および政府の役割についての認識という点で彼らと異なっていたために、木戸は啓蒙専制を主張することになったと思われる。

これにたいして大久保利通の場合には、「そもそも政の体たる、君主・民主の異なるありといえども、おおよそ土地・風俗・人情・時勢にしたがって、自然にこれを成立するものにして」という言葉からわかるように、政体は歴史よりもむしろ土地によって決まるという考えが強い点で、木戸とは異なっていた。

しかし「君民共治」（立憲君主制）を主張するにあたって、民主政治だけではなく君主政治の欠点をもはっきりと指摘しているばかりではなくて、民主政治は新造の国にしか適しないとして結局は斥けるにもかかわらず、「民主の政は天下をもって一人に私せず、広く国家の洪益を計り、洽《あま》ねく人民の自由を達し、法制の旨を失わず、首長の任に違わず、実に天理の本然を完具するもの」と述べていた。また、憲法は本来「君民共議」によって作るべきものと考えていた。

一八八一年一〇月の政変以後になると、政府の指導者は万世一系の天皇が統治する日本の国体に即した憲法を作る必要があり、憲法は当然に欽定憲法でなければならないと説くようになる。したがって、明治初年に木戸や大久保にみられたような見解は、もはや聞かれなくなる。

(二)「開化物」

明治初年に流行した文明開化の思想的なあり方を端的に示すものとして、開化物《かいかもの》と呼ばれる出版物がある。これらは日常の生活様式から国際政治の問題にまでわたって、文明開化したあり方とはどのようなものであるかということを、民衆に向かって通俗的でわかりやすい言葉によって説いたものである。

開化物は東京だけではなくて大阪などでも出版されているが、それが盛んであったのは一八七三年から七五年まで、とくに一八七四年というごく限られた期間であり、啓蒙思想家の活動の最高潮期と一致する。その主なものは、吉野作造編の明治文化全集『文明開化篇』に収録されており、現在でも容易にみることができる。

開化物について注目するべきことの第一は、政府の民衆教化政策に従って書かれたものだということである。政府は一八七二年四月に神祇《じんぎ》省を廃止して教部省を設け、宣教使に代わって、間もなく教導職をおくとともに、国民教化の基本大綱として三条の教則を定めた。「一、敬神愛国の旨を体すべきこと、一、天理人道を明らかにすること、一、皇上を奉体し朝旨を遵守すべきこと」である。

これは神道国教主義は放棄するが、民衆教化は政府の仕事として継続していくという方針を、政府が打ちだしたことを意味している。学校教育を担当する文部省は、この教部省とは別のものであり、廃藩置県直後の一八七一年九月に新設されていた。

教導職には、当初は神官のほかに僧侶が任用されたが、翌一八七三年に入ると、石門心学者、戯作者や講談家などにも門戸が広げられる。一八七三年に入ってしばらくすると、政府の民衆教化の方針が文明開化主義に転換することと関係がある。

この点は、教導職の採用および進級試験の課題として同年二月にだされた「十一兼題」と、一〇月にだされた十七兼題を比較すれば容易にわかるだろう。十一兼題は、(一)神徳皇恩、(二)人魂不死、(三)天神造化、(四)顕幽分界、(五)愛国、(六)神祭、(七)鎮魂、(八)君臣、(九)父子、(十)夫婦、(十一)大祓であり、平田派の国学と儒教の五倫プラス愛国という思想構成となっている。

これにたいして十七兼題は、(一)皇国国体、(二)皇政一新、(三)道不レ可レ変、(四)制可レ随レ時、(五)人異二禽獣一、(六)不レ可不レ教、(七)不レ可不レ学、(八)外国交際、(九)権利義務、(十)役レ心役レ形、(十一)政体各種、(十二)文明開化、(十三)律法沿革、(十四)国法民法、(十五)富国強兵、(十六)租税賦役、(十七)産レ物制レ物であり、文明開化と富国強兵にかかわる事柄が中心となっている。開化物は、政府の民衆教化政策の、このような転換に応じて出現した。

第二に開化物の著者は、教導職に任用された社会層と同じであると推定されることである。開化物の著者は、経歴がわからない人が多いが、教導職に任用されたのと同じ神官、僧侶、石門心学者、戯作者や講談家といった社会層に属していたとみて間違いない。これらの社会層は、徳川時代から民衆教化の最前線に立ち、復古神道

（平田派の国学）とか、儒教的な五倫五常といった伝統的な道徳を民衆に教えていた人たちである。そういう人たちが、政府の民衆教化政策の転換にそって、文明開化について民衆に向かって説教しはじめたのである。

この点には、文明開化の変革性の浅さがでている。一般的にいって、社会の大変革がおこなわれる場合には、頂点における指導者だけでなくて社会の底辺における指導者も交代するとみてよい。文明開化の場合には、頂点における指導者は代わったとしても、底辺において民衆に密着した指導者は変わっていない。しかし、そうした社会層が民衆に文明開化を説いたことによって、文明開化は爆発的ともいうべき勢いで民衆のうちに浸透していった。

ちなみに、一八七〇年代の終わりになって、自由民権運動の勃興に驚いた政府が、伝統的な道徳の復活を企てるようになると、この社会層は文明開化を捨てて、再び伝統的な道徳を説くようになる。一八七九年に刊行された吉岡徳明の『開化本論』は、それまでの文明開化を批判しながら、伝統的な道徳に基づいて何が真の開化であるかということを説いている。吉岡は、はじめには僧侶で後に神官となった人物であるが、開化物が盛んであった時期には、教導職と関係が深い大教院の少講義であった。

第三は、開明と暗愚、文明開化した状態と因循姑息な状態とを二分法的に対置し、人々が暗愚の状態を脱却して開明した状態へ進むことを説く傾向が強くでていることである。開化物には、何人かの人物が登場し問答をする形態になっているものがあるが、この登場人物の名前が、この傾向を端的に示している。たとえば小川為治の『開化問答』は開次郎と旧平の問答となっている。また、横河秋涛の『開化の入口』にでてくる三人の主要人物は、開化《ひらけ》文明、西海英吉と遅川愚太夫となっている。

こういう名前からわかるように一方は開化の権化、他方は暗愚の権化であり、したがって問答といっても、その中身は前者が後者を一方的に説得することになっている。つまり両者の間には、相互の問答を通じてだんだん真理が明らかになっていく、といった意味での対話は存在しない。

開明と暗愚とを、このように固定的に対置する傾向は、徳川時代におけるいわゆる善玉・悪玉の論理を思い起こさせる。善玉・悪玉の論理では、生まれつき身分が固定し変化しないという状況を背景として、善玉はあくまで善を実行し、悪玉はあくまで悪のみを実行する。開化物が説く思想の内容は、伝統的な道徳とは変化しているが、その思考方法には伝統的な傾向が強く残っていたということである。この事実は、開化物において思想の変革が底の浅いものであったことを示している。しかしそれは、一面ではその直接的な効果を大きくし、文明開化の風潮を急激に普及させることになった。

第四は、開化物が説く開明ないし文明開化した状態とは、現に政府がおこなっている西洋化ないし近代化をそのまま受け入れることであるという傾向が強いことである。開化物が政府の民衆強化政策に従ってでてきたものであってみれば、これはある意味では当然の結果である。

東京で出版された代表的な開化物である小川為治の『開化問答』（初編七四年、二編七五年）の場合には、全編が廃藩置県、四民平等、徴兵令、鉄道電信の開設、太陽暦の採用あるいは開国といった、政府が現に実行した改革の弁護ないし弁明となっている。

ここでは、そのいずれかを具体的に紹介するということは省略して、人民の職分についての『開化問答』の説明を取りあげてみたい。そうした事柄についての『開化問答』の説明は、福沢諭吉や加藤弘之の著作に依拠しているように思われる。しかし、その場合でも、その文章は完全に『開化問答』のものとなっている。その意味では、その著者は文章のプロといってよいだろう。しかしそれはともかく、その説明は、福沢や加藤の説明よりも政府擁護の色彩が強くなっている場合が多い。

『開化問答』は、人民の国にたいする義務として、㈠「国を尊敬すること」、㈡「御触《おふれ》・御布告を堅く守ること」、㈢「年貢運上を払い国用を資《たす》くること、および兵隊となりて国を守護すること」の三つを挙げている。このうちの㈠の部分には、次のように書いてある。

「国を尊敬すとは、国の政事、政府および役人を尊敬することでござる。何をもってこれらのものを尊敬することぞといえば、前にもお話申したるとおり、元来政府は人民より成り立つものにして、一般の人民が各々その所持の権を一分ずつだし合い、できあがりたるものなれば、政府はすなわち人民の政府、政府の権はすなわち人民の権、政府の行う政事はすなわち人民の行う政事、この政事をとり扱う役人はすなわち人民の代理人にて、この役人の身体は、なお銘々の身体と同様なるものでござる。およそ人間と生まれて自己の心思身体を大切に思わざるものはなきはずにて、自己の心思身体を大切に思うものはまたその心思身体より顕るる権というものの集まり合いて成り立ちたる政府を大切に思い、尊敬せざるものはなきはずでござる」

政府の起源を統治契約説によって説明する箇所は、『学問のすゝめ』の第二編や第六編を典拠とすると考えられる。社会の起源を問題にする近代の社会契約説、狭義の社会契約説〈social contract〉とは区別された統治契約説〈contract of government〉は、支配ないし政府の起源を取りあげたものであって、古代からあり、東洋とも無縁のものではなかった。

この統治契約説には、もともと二面がある。政府（君主）の権力は人民との契約に基づく、と説くことによって、一面では政府の権力を限界づけると同時に、他面では権力の行使が契約の範囲内であるかぎり人民はそれに服従しなければならないとして、政府の権力を基礎づける。

福沢の『学問のすゝめ』にも、もちろんこの二面がでているが、『開化問答』の場合には、福沢には全くみうけられない「国を尊敬する」という観念が打ちだされるばかりではなくて、人民が政府と役人とその政治を尊重しなければならないということが、福沢とはニュアンスを異にするほど強く説かれているといってよいだろう。

第五は、開化物、とくに問答体の本にでてくる旧弊ないし暗愚を代表する人物の発言は、当時の民衆の意見を知る手がかりを提供していることである。その発言には、たとえば被差別民の解放を非難したり、貿易を有害視したり、鉄道・電信を魔術視したりする、文字通り旧弊な意見もでている。

しかしその発言には、新政府の政策や政治のあり方にたいする民衆の不満や批判が現れている場合もある。『開化問答』のなかで、政府による厳しい税金の取り立てを取りあげた箇所では、旧平は次のように述べている。「それゆえ下々の一口話にも、このごろ天子様は喘息を御累《おわづら》いなさる、何故というに頻りに税々とおっしゃるなどと、悪口をいうております」。

また別の箇所で、旧平は役人の横暴を批判して次のように論じている。「足下の御話によれば、政府や役人は丁度人民の奉公人と同様に心得られます。そこでまた世の有様についてごらんなされ。月給取り官員様と聞けば、誰も彼もみな低頭平身して、旦那様、御持仏様と尊敬し、御髭の塵を払わざるものなきがごとく、官員様はまた人民をもって自己の家に蓄える犬猫同様に心得、これにたいする時は、あたかもゴムの袋のごとく、痩せたる面をみだりに脹《ふく》らかし、その威勢を示さんとする次第でござる。何も銘々の使う奉公人を、かくのごとく尊敬する筋もなければ、またいかほど横着なる奉公人というとも、主人にたいしかくのごとく無礼を働くものはござりますまい。さすれば、どうしても足下の仰せらるる所はおしはかりあて推量に相違ござりません」

このように政府を批判する発言は、旧弊を代表する人物だけがおこない、開明を代表する人物の口からは聞くことができない。それにしても、政府を擁護するために生まれてきた開化物に、政府批判の言葉がでてくることは皮肉な事実であるといってよい。

第六は、開化物にも文明開化の精神とでもいうべきものが、それなりにはっきりと流れていたことである。『開化問答』も、政府にたいする人民の義務を説く反面では、政府にたいする人民の自由、権利を説いていた。その権利は、「銘々は又国家よりその身に保つ所の権利の保護を受くる株がありります」という言葉が示すように、政府に保護を受ける受動的な権利という傾向が強かった。しかしこの本も、政府の暴政にたいする人民の抵抗権を述べている。

政府が暴政をおこなった場合に、人民がどのような行動をとるべきかという問題は、一八七四年三月に出版した『学問のすゝめ』第七編の「国民の職分を論ず」で、福沢諭吉がおそらく日本では初めて公然と取りあげたものである。この編では、政府が暴政をおこなう場合には、人民には㈠「節を屈して政府に従う」か、㈡「力をもって政府に敵対する」か、㈢「正理を守って身を棄つる」という三つの道があるとして、このうちの第三の道をとることを推奨している。この福沢の説は、下敷きにしたF・ウェーランドの『道徳科学要綱』の説をそのまま述べたものである。このうちの第三の道は、英文では〈martyrdom〉という言葉で要約されている。福沢はこの言葉を翻訳せずオランダ語風に読んで「マルチルドム」と書いていたが、後述するように、過激政論雑誌のある論者は、これを「義死」(正義のために死す、という意味である)と訳している。

『開化問答』は、『学問のすゝめ』第七編か、そのあとにでた加藤弘之の『国体新論』の第五・六章のいずれかに従って、暴政にたいする人民の抵抗権を次のように説いている。

「人民の権を一纏めにして預かれるところの政府なれば、その権勢を恃《たの》みて、自然に私の心を生じ、ついに無理非道の暴政をもって株主たる人民を虐《むご》く取り扱うも、ままあることでござる。もしこの時に当たりては、貴君《あなた》の御無理御尤もと、その暴政に従うことなかれ。堂々たる議論をおし立て、その無理非道なるを弁駁して、その改正を請うべし。これまた人民の権利でござる。されどこれをするに道あり。決して過激にわたらぬよう、温順柔和に道理を尽くして、これが改正をもとむべし。もし徒党を結び、一揆を起こし、謀叛に類したる所業をもってすれば、いわゆる理をもって非に落つる筋に陥り、なおさら虐き政事をもって苦しめらるるに至るでござろう。この故に政府もしその権勢を誤用して、暴政を行うことありとも、決して粗暴過激の所業に及ばざるよう、よく前後を省み、誠実に道理を尽くして改正をもとむべし。これまたこの権利中の義務にして、これらの理合はまたその心中に会得していざれば、かなわぬことでござる」

大阪で出版された加藤祐一の『文明開化』（初編七三年、二編七四年）は、東京刊行で政治中心の小川為治『開化問答』とは対照的に、日常生活の問題を中心としており、さまざまな生活様式や迷信・宗教について取りあげている。

散髪や洋服や洋式建築の採用を説くにあたって、著者は西洋のものだから取り入れるのではなくて、良いから取り入れるのだと述べており、何事も道理にかなっているかどうかということを自主的に判断しておこなわなければならないと論じている。

「とにかく人に引っぱり回されぬようにして、みずからよく当然の理を考えてすれば、何事も間違いはござらぬ」

「何の書物にこうあるが、この理は何故じゃということをよく考えて、なるほどこうあるべき道理じゃということを発明して、その上でその説を用いねばならぬものじゃ」

政府の文明開化政策を擁護するという目的にそって生まれてきた開化物も、政府が暴政をおこなう場合には人民が抵抗するべきことを説いたり、一般的に人民が道理に従っているかどうかを自主的に考え、道理に基づいて行動するべきことを説いている。これらの点には、文明開化の時期の開かれた精神と合理的な思考態度が流れているといってよいであろう。

追記　開化物についての私の理解は、学生時代に聞いた丸山真男教授の「東洋政治思想史」の講義（東大法学部一九五三年度）から重要な示唆を受けていることを断っておく。

第三節　士族民権論と士族反乱——過激政論雑誌を中心として——

(一)　民選議院設立建白

一八七三年一〇月に、いわゆる征韓論をめぐって政府の分裂がおこり、総員九名の参議のうちの五名の征韓派参議が政府を去った。それから三か月も経っていない翌年の一月になると、板垣退助・後藤象二郎・副島種臣・江藤新平という西郷隆盛を除く四人の前参議が中心となって、愛国公党という政党を結成するとともに、政府にたいして民選議院設立建白書を提出した。愛国公党はこの建白をおこなっただけで雲散霧消してしまうが、これら一連の出来事は、その後の歴史にたいして重大な影響を与えた。

はじめに民選議院設立建白書の内容をみることにする。建白書は次のような言葉ではじまっている。

「臣等伏して方今政権の帰するところを察するに、上帝室《かみ》にあらず、下人民《しも》にあらず、しかして独り有司に帰す。それ有司、上帝室を尊ぶと曰《い》わざるにはあらず。しかして帝室ようやくその尊栄を失う。下人民《しも》を保つと曰《い》わざるにはあらず、しかして政令百端、朝出暮改、政情実になり、賞罰愛憎に出づ、言路壅蔽《ようへい》、困苦告るなし。それかくのごとくにして天下の治安ならんことを欲す、三尺の童子もなおその不可なるを知る。因仍《いんじょう》改めず、おそらくは国家土崩の勢を致さん。臣等愛国の情、自ら已《や》むあたわず、すなわちこれを振救するの道を講究するに、ただ天下の公議を張るに在るのみ。天下の公議を張るは、民撰議院を立るに在るのみ。すなわち有司の権、限るところあって、しかして上下その安全幸福を受くる者あらん。請う、ついにこれを陳ぜん」

現状では、政治権力が上《かみ》皇室でもなく下《しも》人民でもなくて、有司に握られている。しかも有司専制の実状は、政令が不統一、不安定であり（「政令百端、朝出暮改」）、情実によって政治が運営され（「政刑情実になり、賞罰愛憎に出づ」）、言論の通路が閉ざされている（「言路壅蔽、困苦告るなし」）。このままに放置すれば国家は瓦解してしまう、これを救うには民選議院を設立して政府専制を改める以外にない、というのがその要点である。

右のような現状認識のうち、政令の不統一・不安定とか、情実による政治といった点は、在朝の政治家も以前から認めていたものであったといってよい。彼らは、そうした状況を克服するために、立憲政体を導入し憲法を制定することを考えた。これにたいして建白者らは、言路が閉ざされているということをつけ加えると同時に、現状を有司専制と規定した。

これには、彼らが下野させられたということだけではなくて、次のような下野に到る経過が重要な背景となっていたと考えられる。征韓論争の土壇場で苦悩のあまり人事不省に陥った太政大臣三条実美の代理となった右大臣岩倉具視が、岩倉らの帰国前に一旦は閣議で決定されていた多数派である征韓派の意見を断固として斥けたことである。このために、政府はそれまで政府の要部にいた前参議らによって有司専制として真っ向から批判されることになった。

建白書は、そのあとで民選議院設立の必要を基礎づけるために、次のような四つの理由を挙げている。㈠租税を支払うものは政府のことに関与する権利を持つ、㈡有司はわが国の人民は無学無知だから民選議院は尚早だというが、民選議院は人民を開明に導き、その政治的な関心を増大させる、㈢人民を進歩させることは政府の職分だから、民選議院を設けて人民の政治的な関心を昂めることは政府の職分にかなっている、㈣民選議院は政府と人民とを同心一体とすることによって国家を強くするものである。

このうち㈠の基礎づけは、天賦人権論的ではなくて、英米法的な考えに基づく。これは建白書の起草者古沢滋が、英国から帰国した直後であったことと関係があるが、当時としては比較的に珍しい基礎づけであった。㈡は、本文のこのあとにでてくる尚早論批判と重複している。

㈢で、人民を進歩させることは政府の職分であるとしている点は、民衆教化を政府の当然の仕事としていた当時の政府の考えと一致している。㈣は、建白者の基調となっている思想であるから、のちにまとめて取りあげることにする。

建白書は引き続いて、民選議院設立論にたいして予想される尚早論者の批判を批判して、次のように述べている。その一つは、民選議院はことを鄭重にするものであるから、その設立が軽々しい改革だという批判は当たらないということである。

その二は、欧米の議会は漸進的に発展してきたものだから、日本でも漸進的に設立するべきであるというが、漸進的に発展してきたのは学問も技術も同じであるから、欧米最近の学問や技術を導入するのが当然であるならば、議会制度を導入するのも当然であるということである。学問や技術と、議会といった社会制度とを、同じように取り扱おうとしている点は強引といってよかろう。

建白は、最後に次のような言葉で全体を結んでいる。

「臣等既《すで》に已《すで》に、今日わが国民撰議院を立てずんばあるべからざるの所以、および今日わが国人民進歩の度、よくこの議院を立つるに堪《た》ゆることを弁論する者は、すなわち有司のこれを拒む者をして、口に藉《か》するところなからしめんとするにはあらず。この議院を立て、天下の公論を伸張し、人民の通義権理を立て、天下の元気を鼓舞し、もって上下親近し、君臣相愛し、我が帝国を維持振起し、幸福安全を保護せんことを欲してなり。請う、幸いにこれを択びたまわんことを」

民選議院を設立することによって、人民の権利を確立し、公議公論を伸張し、上下の一致つまり政府と人民との一致を実現することを通じて、対外的に日本の独立と発展を達成するべきであるというのが、民選議院設立建白の基本的な主張であった。

建白書よりも数日前の日付を持つ「愛国公党本誓」は、愛国公党の綱領である。文書の内容から判断すると、こちらが建白者らの基本綱領であり、民選議院設立建白は当面の要求ないし目標であると考えられる。

この本誓は、天賦人権論に立ち、人民の「通義」を守り、「自主自由、独立不羈の人民」を作ることを前面に押しだしている点で、建白書とややニュアンスの差がある。しかし、その目標が君民の一帯と国家の興隆である点というでは、両者は何の相違もない。

この、全国の一致結集と国の対外的な独立と発展という目標は、幕末に西洋の立憲制が導入されはじめるときの目標であったし、一八七〇年代末に本格的に展開した自由民権運動が、国会の開設を要求するさいの目標でもあった。君民上下の一致と国の対外的な独立発展とを結びつけて、人民の自由権利の確立と議会の開設を要求する点は、ヨーロッパの場合にはみられない日本の特徴であった。この建白の直後に現れる士族民権論において、これとは異なる傾向がみられることについては後に述べる。

板垣退助監修の『自由党史』(一九一〇年)は、民選議院設立の建白者について、「けだし愛国公党同志の士、もっぱら要路の有司を促して、言笑の中に容易に改革の効を収めんと欲せしがごとし」と述べている。建白当時に、板垣がたびたび木戸孝允と面会していること(木戸の日記参照)をみると、このような面があったことは確かである。鳥尾小弥太が、民選議院設立の建白者らを「上流の民権説」と呼ぶのは、このためである(『国勢因果論』下巻一八七五年)。

愛国公党の結成と民選議院設立の建白は、当事者の意図を超えてその後の歴史に重要な影響を与えた。その一つは、公然たる政府批判の言論を開始させたことである。周知のように、明治以後とは異なって、徳川時代には歴史書などで天皇を批判することは自由にできたし、封をした建白書で政府を諌めることもできたが、時の権力者を公然と批判することはかたく禁じられていた。

板垣らが、有司専制を批判した建白書を政府に提出するとともに、翌日の『日新真事誌』の紙上に全文を発表したことは、まさに公然たる政府批判を展開したことにほかならなかった。もっとも、『自由党史』の伝えるところによると、板垣から建白書の写しを木戸孝允に送るようにいわれた小室信夫が、建白書を新聞に発表し、その新聞を木戸に送ったのであって、これは木戸の感情を著しく害したという。

しかも政府批判をおこなった人たちは、数か月前まで参議という要職にあった人たちであった。新聞や雑誌が、これ以後だんだん政府批判をおこなうようになるのは、当然の結果といってよかろう。新聞が毎日社説を載せ、政治やその他について論ずるようになるのは、一八七四年一〇月以後のことである。また政府が、新聞紙条目に替えて新聞紙条例をだすと同時に、新しく讒謗律《ざんぼうりつ》を作って言論の取締りを厳しくするのは、翌一八七五年六月である。

第二は、自発的な結社としての政社や政党の発生を促したことである。封建時代には、事実として政治的な派閥があったとしても、同じ政治的な思想や目的を持つ人々が党派を結成することなど、あり得べからざることであった。愛国公党は、建白書を提出しただけで消散したけれども、有力な政治家がそれを結成したことは、それなりの効果を持った。

これ以後になると、関西と北陸より西の地域を中心として士族による民権の結社が、多数つくられることになる。そのなかに自発的な結社という性格をはっきりと持っているものが、どの程度あったかということは問題であるが、それらによって鳥尾のいわゆる「下流の民権説」が展開される。一八七五年二月には土佐の立志社が主唱して、その代表者を集めた愛国者の会議が大阪で開催されている。

すでに述べたように、学者の自発的な結社である明六社の起源は一八七三年の夏にあるが、それが正式に発足するのは一八七四年二月であるから、愛国公党の結成よりも一か月後のことになる。しかし明六社は、愛国公党とは異なって、一年半以上にわたって活発な活動を続けた。

(二) 士族民権と武力反乱

従来の研究では、民選議院設立建白は、もっぱら一八八〇年代の半ばにいたる自由民権運動との関連でとらえられてきたようにみえる。しかし、それは同時に、一八七七年の西南戦争にいたる士族による武力反乱の発端――発端ではないとしても、きっかけ――であったことを見落としてはならないだろう。

もちろん、明治政府にたいする士族の反抗は、農民一揆の場合と同じように、新政府の設立直後から起こっていた。新政府にたいする旧幕府側の戦争や、江戸にあった京都批判の新聞は別にして、新政府の高官の暗殺事件は、一八六九年二月の参与横井小楠、同年一〇月の兵部大輔大村益次郎(死没は翌月)、七一年二月の参議広沢真臣というように、頻々と起こっている。

また一八七〇年の初めから翌年にかけては、倒幕に活躍した長州藩の奇兵隊など、諸隊の脱隊騒動が起こっている。これは、藩当局が新しく常備軍を編成するため部隊を解散したさいに、常備軍の選にもれた諸隊の兵士が起こしたものであり、中央政府というよりもむしろ藩庁にたいする反抗であるが、影響は広く藩外にも及んだ。さらに、同じ七〇年には、米沢藩士雲井龍雄が政府転覆を企てた事件や、森有礼の兄である鹿児島藩士横山正太郎が、政府批判の上書をだして割腹するという事件もあった。

しかし士族の反乱が本格的にはじまるのは、民選議院設立建白の直後に、建白者の一人江藤新平を担いで起こった佐賀の乱から後のことである。民選議院設立建白をだしたばかりの江藤が、自身では意図していなかったにもかかわらず、いとも簡単に武力反乱に巻き込まれていったことには、当時における士族民権と武力反乱の密接な関係がでている。

すでに自由民権の観念が社会に流通しているために、明治政府と政治的現状にたいする不満と批判が、時にはそれを利用して自由民権の要求となって現れるが、時には、より直接的な形をとって武力反乱となったのである。

自由民権運動の萌芽と武力反乱が同じ基盤に立つことは、外面的な事実によっても確かめることができる。第一は、いうまでもないことであるが、ともに士族を基盤としていることである。民選議院設立建白の以後になると、各地で政治的な結社がつくられ、自由民権を要求するものがでてくるが、これらはほぼ共通して士族を成員としていた。もちろんこの時期になると、熊本の郷士宮崎八郎や、福島の郷士河野広中、福井の豪農杉田定一らが活動しているが、それはむしろごく少数の例外であったといってよい。

第二は、関西と北陸より西の地域を中心とすることである。一八七五年二月に、高知の立志社の呼びかけに応じて、各地の民権的な結社の連絡組織ともいうべき愛国社が大阪で結成されたが、これに出席したのは、北陸と関西を結ぶ線より西の地域のものに限定されている。武力反乱も山口県と九州地方に限られており、地域的に重なっている。

これらの地方では、戊辰戦争のさいに倒幕派に参加した藩が多かったから、民権運動も武力反乱も、倒幕に活躍しながら新政府設立後にそれに加わらないか、そこからはじきだされた人々、もしくはその子弟によって担われる場合が多かったと推定される。逆にいえば、新政府に対立して敗北した藩、あるいは結局は新政府側に属したが、いずれの側につくかをめぐって深刻な対立を経験した藩などでは、士族が自由民権を要求したり武力反乱を起こしたりする余力を残していなかったのではないかと思われる。

この時期に自由民権を代表する結社は、板垣退助を中心とする高知の立志社であり、武力反乱を代表するのは、西郷隆盛を戴く鹿児島の私学校党であったが、両者には大きな相違面がありながらも、多くの共通面があった。立志社は、一八七四年四月の結成当初から、日本の独立発展を守るには、人民の自主独立を実現する必要があると主張していた点で私学校党とは異なる。しかし士族中心であること、板垣をはじめ片岡健吉、谷重喜、林有造ら戊辰戦争の功労者を幹部とすること、一面では職を失った士族の救済組織であること、および板垣らの声望によって、旧藩主から資金を引きだしたり、高知県から金銭の出納をおこなう特権を得たり、中央政府から山林の払い下げを受けたりしている点では、私学校党と類似点を持つといってよい。

私学校党は、征韓論の対立のさいに辞職し帰郷した元軍人・官吏を中心として結成されたもので、幹部は西郷隆盛をはじめとして桐野利秋、篠原国幹、村田新八、あるいは大山綱良など、すべて戊辰戦争の功労者である。

鹿児島県令大山が西郷の手下であるため、彼らは県庁を私学校党のための機関と化し、絶大な勢力を誇っていた。

彼らは言論を軽蔑する傾向があり、人民の自由権利を唱道しない点では、立志社と異なる。彼らの名称が、配下の人々を教育し結集するために一八七四年六月に設けられた銃隊学校と砲隊学校からなる私学校に由来することは、象徴的であるといってよい。しかし、彼らは幕藩体制を打倒した功労者、またはその子弟たちであり、島津久光を擁する守旧派とは対立関係にあった。

西郷隆盛の気位の高さ――この時期には傲慢さといってよいかもしれない――のために、私学校党自体は県外の人物や組織と交渉を持ち、それに働きかけるという行動を、積極的にはおこなっていなかった。しかし、逆に県外の多様な人物や組織は、西郷と私学校党の動静に関心を払い、絶えず鹿児島に人を派遣している。

板垣退助と立志社も西郷と連繋しようと考えており、民選議院設立建白直後の一八七四年四月と、板垣の政府復帰直後の一八七五年三月には、林有造を西郷のもとへ送っている。

西南戦争がはじまると、立志社の林有造や大江卓らは、西郷と呼応して兵を挙げることを画策し、失敗に終わっている。『自由党史』によると、七五年に林が鹿児島を訪れたさいの西郷の態度のために、立志社と西郷との関係は断絶するにいたっていたから、この時の林らは西郷と通謀しようとしたのではなくて、「薩南の乱に乗じてもってその平生の志を行わん」としたものであったという。

この西南戦争のさいには、一八七五年の愛国社の会議に出席した熊本の宮崎八郎、福岡の越智彦四郎、建部小四郎、大分の増田宋太郎らが、西郷側に加わって参戦している。

こうして勃興期の自由民権運動は、武力反乱と幾重にも絡みあいながら展開した。現在の立場から、七〇年代末以後に展開する自由民権運動へつながっていく要素と、そうでない要素とを区別することは比較的に容易であるが、実際には二つの要素が相互に作用しあいながら混在する場合が多かった。熊本の神風連とか萩の前原一誠の一味などは、自由民権論と関係がないことは、はっきりとしているが、一般的にはこれが士族民権派であり、これが士族反乱派であるという線を引くことはほとんど不可能である。

しかもこの士族民権派と士族反乱派は、それぞれ明治政府と多様な接点をもっていた。西郷は在朝の鹿児島出身者と連絡を保っており、西郷を政府へ連れ戻そうとする工作は、彼らによって繰り返しおこなわれていた。

板垣退助が民選議院設立建白の当時に、木戸孝允とたびたび接触していたことについてはすでに述べたが、一八七五年二月には大阪会議が開かれ、台湾出兵に反対して七四年五月に下野していた木戸とともに板垣が大久保利通と会談し、政府へ復帰している。もっとも板垣は、七か月あまりで辞任を余儀なくされた。

頂点からくだってやや下の方をみても、知識人の民権の結社ともいうべき共存同衆の中心人物小野梓や嚶鳴《おうめい》社の中心人物沼間《ぬま》守一は、長い間役人であった。自由民権の最高の理論家で、公的・政治的な事柄については偏屈といってよいほど潔癖であった中江兆民も、フランス留学から帰国後に一年八か月あまり役人であった。こうした事実からわかるように、明治政府の官僚組織そのものが、一八八一年の政変以後のように固定化しておらず、まだどろどろとした状態をとどめていた。

西郷党と呼応して、圧制政府を転覆すると叫んでいた人物が、いつの間にか役人に登用され、後には相当な地位に昇っていることも、この点と関係がある。そのなかで、立身出世した人物の代表は、文相などを歴任する山県派の官僚小松原英太郎や、福井県知事などを歴任した関新吾である。

　このように明治政府、士族民権派および士族反乱派の境界線は曖昧であり、相互にさまざまな交流があった。しかし、親近な関係があることは、場合によっては対立相克を感情的にし、むしろ激しくすることもあったように思われる。

㈢　士族民権論の思想

　武力反乱と幾重にも絡みあったこの時期の士族的自由民権論のあり方を端的に示すのが、一八七五年から七七年にかけて東京で出版された、いわゆる過激政論雑誌である。これには次のようなものがある。

㈠『評論新聞』、西郷隆盛の配下である海老原穆《ぼく》が創立した集思社から一八七五年三月に発刊され、七六年七月に発行禁止となる。のち、『中外評論』、さらに『文明新誌』と名前を変え、七七年七月に発行禁止となる。

㈡『草莽雑誌』、栗原亮一（のちに板垣退助の秘書的な地位につく）らの自主社から一八七六年三月に発刊され、同七月に発行禁止となる。のちに『莽草雑誌』、さらに『草莽事情』となり七七年七月に発行禁止となる。

㈢『湖海新報』、一八七六年三月に発刊され、同七月に発行禁止となる。のち『江湖新報』となり、七七年一月に廃刊される。

このほか、林正明の共同社から一八七六年六月に発刊され、八三年五月に廃刊された『近事評論』も、これまでは同種の雑誌とみなされてきた。しかし、多くの類似点を持ちながら、後述するように重要な思想上の相違面を持つ。この雑誌が発行禁止処分を受けることなく、西南戦争が終わってから六年近くも続くのは、このためである。

これとは別に、一八七八年五月に大久保利通を暗殺した石川県士族島田一郎らの斬姦状は、暗殺者らの思想をかなりまとまった形で表現している点で注目される。これは、西南戦争が終わってから七か月あまりのちに書かれたものであるが、過激政論雑誌とほぼ同じ思想の上に立つものとみてよいだろう。島田一郎も、斬姦状の執筆者陸《くが》義《ぎ》猶《しゅう》も、一八七五年に愛国社の会議に出席した人物である。

明治時代に活躍した他の人物や集団の場合と同じように、過激政論雑誌にも対立する思想、対立するとはいえないとしても異質な思想が混在している。たとえば人民の自由権利という観念が、儒教の天命思想つまり人民を保護・育成するのが天にたいする為政者の職分だという観念と絡みあって現れ、人民を保護せず、その権利を蹂躙する政府にたいし「天誅」を加え、政府の「改命」を実現することが唱えられる。また、言論を空論として軽蔑する実力主義の傾向が強くでている一面では、言論の自由を擁護し、政府による言論の抑圧を避難攻撃する発言がみられる。

対外論においては、外交で尊ぶことは強国を恐れず弱国を侮らないことだと主張する口の裏から、朝鮮を日本と平等の国と定めた一八七六年の日朝修好条規の規定（これは清国の影響下にあった朝鮮を、清国から切り離そうとしたものにほかならないが）を非難している。

また、弱肉強食の国際関係のもとでは、日本の独立を守るためには対外的な膨張を実現する必要があると説く一方では、世界政府を設立し戦争を廃止する必要があると論じている。さらに、戦争は国民に計り知れない禍害を与えることによって国家に大害をもたらす、と述べる反面では、戦争は国民を道徳的な腐敗から脱却させることによって、国家に巨大な利益をもたらすと説いている。

このように、過激政論雑誌には対立する多様な思想が渦巻いているが、その発言には、相互に密接に関連したいくつかの特徴のある思想傾向が流れていたように思われる。その一つは、日本がおかれた国内的および国際的な状況についての、憤りにも似た激しい危機感である。

「国のまさに亡びんとするや、朝に奸猾の大臣出でて、いたずらに一己の威福に貪恋し、鯁直《こうちょく》の士はこれを貶竄《へんざん》し、代うるに諂佞《てんねい》の士をもってし、上《かみ》は君主の聡明を眩まし、下《しも》は人民の口舌を箝《かん》し、専《もっぱ》ら自己の奸曲《かんきょく》を施行し、ついに一国の独立を誤り、その国をして隷属の汚辱を受けしむるにいたるもの、比々みな然らざるはなし」（「汽車の中の珍説、第二編」『評論新聞』六一号）

「看よ、わが国勢ははたして何らの時ぞ。うちに金貨まったく空竭《くうけつ》し、人心洶々《きょうきょう》、外は各国ほしいままに凌侮《りょうぶ》し、国権失墜す。その勢の切なる、あたかも一葉の敗船に棹《さおさ》して、万里の波涛を航するがごとし。これ実に国家存亡、人民安危の秋《とき》なり。いやしくも国民たるの義務を負う者、あに一日も傍観坐視するに忍びんや」（「緒言」『中外評論』一号）

こうした切羽詰まったような危機意識は、士族が徴兵令によって武士としての存在理由を喪失すると同時に、秩禄処分によって経済的な基礎を奪われ、急速に解体・消滅しはじめたという状況を背景としていた。ただ、これらの雑誌には、戦闘者としての士族の存在理由を維持せよとか、士族の秩禄を継続せよといった意見はでていない。現実に、自身の存在が崩壊していくことにたいし激しい危機感を抱きながらも、それをいわば歴史の必然と認めざるを得ないという緊張の意識から、ダイナミックな行動を伴った彼らの危機感が現れるように思われる。

第二は、明治政府を圧制政府と規定し、実力によってそれを転覆するよう主張していることである。日本が、右のように厳しい危機的状況にあるのは、政府が民権を抑圧し公議公論を無視したり、人民を保護するという政府の職分を履行しなかったり、西郷隆盛のような憂国忠節の士を退けたりするというように、悪政を重ねた結果であるととらえ、それを圧制政府と規定するわけである。

「大久保利通斬姦状」は、大久保の失政として㈠「公議を途絶し、民権を抑圧し、もって政事を私す」、㈡「法令漫施、請託公行、ほしいままに威福を張る」、㈢「不急の土木を興し、無用の修飾を事とし、もって国財を徒費す」、㈣「慷慨忠節の士を疎斥し、憂国敵愾の徒を嫌疑し、もって内乱を醸成す」、㈤「外国交際の道を誤り、もって国権を失墜す」という五点を挙げ、それぞれについて詳しく説明している。

過激政論雑誌は、このように人民を抑圧し失政を重ねる政府を圧制政府ととらえ、その転覆を主張するのであり、一八七六年一月の『評論新聞』第六二号には「圧制政府転覆すべき論」が、また同年六月の『草莽雑誌』第三号には「圧制政府は転覆すべきの論」が掲載されている。

一八七六年七月に政府が、国安を妨害すると認められる新聞・雑誌にたいして、内務省が発行停止または禁止の行政処分をおこなうという太政官布告をだし、『評論新聞』『草莽雑誌』『湖海新報』という三誌を発行禁止としたのは、まさにこのためである。

これらの雑誌が、転覆するように主張する圧制政府のうちには、天皇は含まれていなかった。前掲の「汽車の中の珍説」(『評論新聞』六一号)のなかにある、「上は君主の聡明を眩まし、下は人民の口舌を箝し」という言葉や、「大久保利通斬奸状」の冒頭にある「石川県士族島田一良ら、叩頭昧死、仰いで天皇陛下に上奏し、俯して三千有余万の人衆に普告す」という言葉をみれば明らかであろう。この点では、権力が「上帝室にあらず、下人民に在らず」として、有司専制を批判した民選議院設立建白を踏襲しているといってよいだろう。

ところが、過激政論雑誌では、今や明治政府は圧制政府ととらえられ、実力によって打倒することが叫ばれるにいたった。さきにみたように、一八七四年三月に刊行した『学問のすゝめ』第七編で、福沢は、政府が暴政をおこなった場合に人民はいかなる行動をとるべきかという問題を取りあげた。今やそれは単なる理論上の問題ではなくて現実の問題となったのである。それとともに自由民権論が急進化し、完全に政府批判の武器となる。

これまでみてきたように、自由権利の観念は、日本の独立を守るには人民全体を国の担い手とする必要があるという考えに基づいて、のちに啓蒙思想家と呼ばれるようになる人々によって幕末に導入されはじめた。明治維新後になると、政府の指導者がこの思想を受け入れ、封建的な身分制と割拠制を打破して、近代的な国民国家を形成するための武器とした。一八七二年一一月の、徴兵告諭のなかの「四民ようやく自由の権を得せしめんとす。これ上下を平均し、人権を斉一にする道にして」という言葉は、その点を端的に示している。

しかしこれ以後になると、政府の指導者や法令が人民の自由や権利の観念を、それまでのように積極的に推進することはもはやなくなる。過激政論雑誌によって、自由や民権の観念は、政府にたいする批判攻撃の武器となってしまったからである。

第三は、圧制政府を転覆するのが有志の士の天にたいする義務であり、責任であるという観念が、はっきりとでていることである。『評論新聞』の「圧制政府転覆すべき論」に附された「評」には、「天、人に賦与するに自由をもってす。しからば人造の欄柵に束縛され、天賦の自由を伸ぶるを勉めざるものは、天帝の罪人なり。ゆえに圧制束縛の政府あらば、自由の旌旗《せいき》を飜し自由の金鼓を鳴らしてこれを転覆し、人心の向かうところに従って自由政府を鋳造するは、すなわち天帝にたいするの義務というべし」という言葉がある。

また『草莽雑誌』の「圧制政府は転覆すべきの論」は、「もし人民、政府に迫って抗議讜論《とうろん》するも、なお過悪を改めずますます暴威を振い圧制を施し、愛国の論士を牢獄に投じあるいは刑戮《けいりく》に処し、黎民を塗炭に陥れその生を聊《やす》んぜざらしめば、人民、政府の罪を皇天に訴え、堂々の旗、正々の陣もって革命を起こし、暴悪の政府を転覆し良善の政府を創立するは、高尚の権義にしてかつ尊重の義務なり」と論じている。

この例からもわかるように、過激政論雑誌では、儒教の系譜をひく天の観念が天理ではなくて天意の面において強く現れ、天帝、上天、皇天、上帝といった言葉が頻出すると同時に、暴政に反抗する有志の士の天にたいする義務が強調される。

この有志の士という点は、右の例だけではわかりにくいかもしれないけれども、「圧制政府は転覆すべきの論」のなかには「蒙昧卑屈の民は法律の何物たるを知らず、ただ政府の命ずるところとあれば、正邪曲直を論ぜず、貴重なる己れが天与の権義を棄擲し、ただ命これ従うをもって当然の義務となせり」という言葉がある。また、『中外評論』の第二六号に掲載された「死を畏るる言行は人の良心中より出でざるの論」は、次のように説いている。「天下の大事をなさんと欲する者は、天下の大難に耐えずんば能《よ》くせず、天下の大難に耐ゆるは、死生を度外におくにあり」。死生を超越することが、いとも簡単にいわれるのは、有志の士が念頭に置かれているからにほかならない。

圧制政府を転覆するように主張していた人物が、西南戦争後にいつの間にか政府の役人に登用されていることには、状況が一変したということが背景となっているかもしれないけれども、自身を無知蒙昧な民衆と区別する志士意識が原因となっていたと考えられる。

従来の研究では、関新吾の「情慾を専《もっぱら》にすべきの論」（中島勝義編『俗夢驚談』一八七六年、関も中島も『評論新聞』の関係者である）が、当時の自由民権論の動向を示すものとして時々取りあげられてきた。これら過激政論雑誌にも、一般的に民衆の幸福を擁護する発言がでている。しかし、それを特色づけているのは、死を賭しても履行されるべき有志の士の天にたいする責任であり義務である。関の議論は、このような志士意識の裏面を示すものとみた方がよいのではなかろうか。

これらの雑誌では、死を畏れず圧制政府に反抗するのが有志の士の天にたいする義務だとされるが、いな、むしろそうであるがために、人民はいうまでもなく、有志の士を結集して運動を組織化しようとする考えは全くみられない。後述するように『草莽雑誌』では、圧制政府に反抗するにはどのような手段をとったらよいかという戦術論議がおこなわれていなくはないが、それは個々の有志の士が自己の義務感ないし責任感に基づいて行動をすることを当然の前提としていた。

また、革命をおこない自由政府を立てるなどといわれるが、どのような新しい政府をどのようにして作るかといった問題には、関心が向けられていない。現在の政府を倒すことだけが関心の対象であるから、民選議院の設立とか憲法の制定ということがいわれていないわけではないが、そうした問題にはあまり重要さが認められていない。一般に、組織や制度の重要さについての認識がなかったといってよいだろう。

これらの点は、先に述べた切羽詰まったような危機意識と関係があり、前参議らが提出した民選議院設立の建白とは異なるし、本格的に展開した以後の自由民権論とも異なるといって間違いないだろう。

第四は、非合理的な行動主義とでもいうべき傾向が、強くでていることである。この点も切羽詰まったような危機意識や天の契機の昂揚と関連している。過激政論雑誌には、社会や政治の事柄は行動によってしか解決できないとして、理論や言論を空論として軽蔑すると同時に、行動の結果は予測できないし、結果を顧慮していると行動ができにくくなって卑怯になるとして、一途に行動に立ちあがることが説かれている。

『江湖新報』に載った「天下の事は知慮の及ぶところにあらざる論」(二号)や、「自由を求むるは成敗を顧《かえり》むべからざる論」(二七号)は、この傾向を端的に示す題名となっている。このうちの前者には、次のような言葉がある。

「虎児を取らんと欲せば虎穴に入れ、実事をなさんと欲せば実践に在り。空論虚語のごときは事に益なきのみならず、まことにもって事を害するに足るなり。成事を未熟に期するがごときは、まさにもって事を害するに足るなり。ただ知慮の外に遊ぶもの、天下の大勢を変ずるに足れり。

論者ややもすればいわく、開明に進むは言論の力なり。欧米諸邦の進歩は一・二論士の勉励によると。我輩は弾丸硝薬の国に益あるを見て、言論の益あるを見ず。知慮なお事を成すに足らず、何ぞ言論をこれ用いん。天下の有志者国家の事に意あらば渓水潺湲《せんかん》松風飂々《りゅうりゅう》たる処に一睡して、弾丸硝薬、機外の機に投合するところあれ」

このように主張しているのも一つの言論であるが、それはともあれ、過激政論雑誌でも取るべき方策について論議がおこなわれていないわけではない。わかりやすい例だからこれを挙げるのだが、たとえば『草莽雑誌』では、圧制政府に反抗する方法として、次のような論議がおこなわれている。

暴虐な官吏を「刺殺」するのがよいか（「暴虐官吏は刺殺すべきの論」三号）、志士仁人が正義を主張して殺される「義死」がよいか（「義死論」四号）、それとも暴虐な官吏を「暗殺」するのがよいか（「刺殺」との違いは、自首せず暗殺を繰り返すことにあるようである、「暗殺論」六号）という論議である。これなどは明らかに、いずれがより効果的であるかという論議であるが、論議の対象がどのような手段をとるかという戦術の次元に限定されており、それを超えたいわば戦略の問題、たとえばどのような制度を将来つくるかとか、どのように運動を組織化したらよいかという問題は、すでにみたように論議の対象とならない。

このように、戦術の次元での論議はないわけではないが、ここでは効果など顧慮せず、あとに続くものが現れるのを信じて一刻も早く行動に立ちあがる事が尊ばれる。「大久保利通斬姦状」のなかの「一良ら今に天意を奉じ、民望に随い、利刃を振うてもって大姦利通を斃す。その余の姦徒、岩倉具視以下の輩に至りては、想うに天下一良らの事を挙ぐるを観て、必ず感奮興起してもって遺志を継ぐ者あり。この輩まさに不日斬滅を免かれざるべし」という言葉は、このような考え方をよく示しているといってよかろう。

戦術論議はあるが戦略論議はないこと、あとに続くものが現れるのを信じて直ちに行動に立ちあがることを尊ぶことという傾向は、この時期の過激政論雑誌だけではなくて、一八八〇年代の半ばに現れる自由民権運動の、いわゆる激化事件のうち士族を担い手とするものとか、昭和のファシズム期に現れる青年将校を含めた、いわゆる急進右翼の運動などにもくり返し出現する。

『近事評論』は、大きさやページ数といった形態だけではなくて、好んで藩閥政治家や西郷党の動静を伝える記事を載せたり、官員や白人の好色卑猥さを非難攻撃したセックス記事を載せたりしている点でも、過激政論雑誌と似ている。第五号の「大隈重信、鎮守を建立して大蛇の祟りを避く」や、第二号の「西洋人深川の妓楼に登り強いて娼妓の陰門を舐める」はその一例である。このうちのセックス記事は『近事評論』がはじめたとみたほうがよいかもしれない。

これは、私利の追及を擁護した福沢の発言を批判したというよりも、むしろ私利をめぐる福沢諭吉の挑発的な言動を皮肉ったもののように思われるが、「福沢氏、西京人の入門を拒絶す」(二号)や、「福沢先生の私利営むべしの御論を読む」(一〇七号)といった記事もでている。

しかし『近事評論』には、第一に過激政論雑誌にみられた切羽詰まったような危機意識はでておらず、より長い展望に立って世界をとらえる傾向が強い。陸羯南が『近時政論考』(一八九〇年)のなかで、この時期の民権論について用いた言葉を借りていうと、過激政論雑誌は現状に激しいペシミズムを抱く「幽鬱民権論」であるのにたいして、『近事評論』は将来に明るい展望を持つ「快活民権論」といってよいだろう。

これと関連するが、第二に『近事評論』には制度の意義についての認識がはっきりとある。「一国の安危は制度の確立すると否とにあり」(一一〇号)という論説の題名がこの点を端的に示している。このために、憲法をどのように制定し、どのように運用するべきかという問題が論議されている(「国憲草案の起創」一七号)。また、人民の政治的な権利とは区別された、個人の人権の問題にも関心が向けられている(「人民の私有地公用に供せらるる近報」一二〇号)。

その反面この雑誌には、政府を実力によって転覆するべきであるとか、暴虐な官吏を刺殺するべきであるといった主張はでていない。明治政府を圧制政府ととらえる視点はなくはなかったが、それにたいし直接的な行動を取ろうとするような傾向はなかった。

第三に、対外論の面では国家平等の観念を強調する傾向がみられ、西洋列強のアジアへの進出を阻止するには、中国などと連帯する必要があるという考えが、比較的にはっきりとでている。逆にいって、対外膨張論はあまり目に付かないし、戦争賛美論などもみられない。

これらの点は、一八七〇年代の終わり以後に、本格的に展開する自由民権運動につながっていく面である。しかし、この『近事評論』においても、多数の人民を結集して自由民権の運動を組織化していくという視点は、ほとんどなかったように思われる。

「同志相集合し会議を開き、互に相研究協議する」（要約）という一八七五年二月の愛国社合議書とは異なって、一八七八年四月の愛国社再興趣意書に人民を結合するという観点がでていることは、新しい動向であるといってよいかもしれない。ただこの場合にも、前面にでているのは政治運動を組織化するという観点よりも、日本の独立発展を達成するために全国の人民を一致結集するという愛国の視点、ナショナリズムの視点であった。ともあれ、この愛国社再興趣意書は、自由民権運動の本格的な展開を告げるものである、とみてよいであろう。

追記――最後に、西郷隆盛の死を聞いた直後に福沢が書いた「丁丑《ていちゅう》公論」を取りあげて、むすびとする予定であったが、書きあげることができなかった。

II

中江兆民と『三酔人経綸問答』

はじめに

一八七〇年代の終わりから急激に興隆した自由民権運動は、一八八一年一〇月の政変のころを頂点として、その後再び急激に衰退していった。一八八四年一〇月の終わりには、自由党(八一年一〇月結成)は解党し、改進党(八二年四月結成)も、その年末には党首の大隈重信らが脱党し、党勢が大きく後退した。

一八八六(明治一九)年一月に、福沢諭吉が『時事新報』に発表した「日本工商の前途如何」という社説には「明治一六、七年の頃より世の中の政談も次第に衰えて、火の漸く消ゆるがごとく、近日に到りては傍らより促しても、天下に政を談ずる者なきの有様となり」という言葉すらがあった。この言葉には誇張があるかもしれないけれども、政治的な状況が急激に変化したことがわかるだろう。

ただ、一八八六年の秋になると、自由民権運動の揺り戻しとでもいうべきものが起こる。これには、中江兆民自身も積極的に関与していたが、それは一八八七年の夏に起こった三大事件建白運動やそれに続く大同団結運動を経て、初期議会における民党の活動にまで受け継がれていく。そのために、自由民権運動の終期については、自由党の解党以外にもいろいろの説がある。

中江兆民の『三酔人経綸問答』は、このような状況が進行していた一八八七年五月に出版された。この本は、自由民権の理論を鼓吹し、その運動を鼓舞しようとしたものではない。この本が出版されて間もないその年の夏には、地租の軽減、言論の自由、および外交失策の挽回という三事を要求した三大事件建白運動が起こっている。この運動は、自由民権運動の最後のきらめきといわれる場合があるが、この本がその運動に影響を与えたという形跡はない。

それどころか、この本は出版当時にそれほど読まれたとは考えられない。現在わかっているところでは、この本の刊本は、一八八七年五月に刊行されたものだけである。しかも、そのなかで現在、所在が確認できる本は、わずか数冊にすぎないという。これには著者兆民が、理解力が高い読者だけに読まれることを望み、当時としてもかなり難しい漢字を使って書いたことが一因となっているかもしれない。しかしそれよりは、この本の思想的な深さが、その原因となっていたと考えられる。

『経綸問答』は、自由民権運動が崩壊していく状況のもとで、民権派として何をなすべきであるか、また何をなすことができるかということを、徹底的に考え抜いた書物であり、歴史と政治をめぐる兆民の、深い思索が込められている。そのなかには歴史発展の複雑性とジグザグ性、政治の人為性と歴史性、政治における原理主義、理論主義の危険や、理論と実践の弁証法的な関係といった観念が含まれている。

その意味においてこの本は、兆民の著作のなかで特異な位置を占めるだけではなくて、近代日本の思想的な文献として独特の位地を占めている。政治的な立場は鋭く対立するが、個人的にはともに兆民と深い交渉のあった徳富蘇峰と幸徳秋水が、評価の内容という点では私とは異なるかもしれないけれども、『三酔人経綸問答』を中江兆民の最高の傑作とみていたことは、決して偶然ではないであろう。

　現在では、この本は総ルビを付けると同時に、全文の現代語訳を添えて、岩波文庫に収録されている。それは、福沢諭吉の『文明論之概略』や、『学問のすゝめ』などとともに、近代日本の思想的な文献としてもっとも広く読まれている。兆民が失敗した当時のことを思うと、まさに隔世の感があるといってよいだろう。

第一節　民権運動最盛期の兆民

自由民権運動がもっとも盛んであった一八八〇年代の初めには、中江兆民は近代西洋の自由や民主主義の理論を日本に紹介し、普及することを主要な活動内容としており、現実の民権運動にたいしては「不即不離」の関係を保っていた。

この時期の兆民については、井上清の「兆民と自由民権運動」（桑原武雄編『中江兆民の研究』所収）が、優れた分析をおこなっている。この論文は、これまでにでた中江兆民の研究のなかでは、もっともよくできたものの一つであり、私はいくつかの点を学んだが、この点もその一つである。しかしここでは、紙数の関係でその紹介をするという形を取らず、その説を踏まえながら私なりの仕方で、この時期の兆民についてできるだけ手短に話をしておくことにしたい。

自由民権運動が最盛期であった当時の中江兆民は、近代西洋の政治理論を日本へ導入することを自己の課題としていた。一八八二年二月に、兆民は自身が主宰する仏学塾から『政理叢談』という雑誌を発刊しているが（同年五月に『欧米政理叢談』と改題、八三年一二月に第五五号で休刊となる）、その「刊行の旨意」では、「欧米諸国の書策について、いやしくも議論政理に益なるものは随うて訳述し、号を逐うてこれを刊行せんとす」と述べている。これとは別に、一八八一年三月一八日に自由民権派の有志によって創刊された『東洋自由新聞』[註]の第一号社説（無題だが自由を論じたものである）の「前書き」でも、一八八二年六月二五日に発刊された自由党の機関誌『自由新聞』第一号に掲載した社説でも、兆民は同じ趣旨のことを書いている。

註　この新聞は、社長の西園寺公望が政府の干渉によってやめさせられたことなどもあって、一か月あまりで廃刊された。

『東洋自由新聞』でも、『自由新聞』でも、第一号に社説を書いているということは、自由民権派の内部において兆民が理論家として尊重されていたということを示している。しかし兆民自身は、近代西洋の自由や民主主義の理論を日本へ紹介することを自己の課題とし、現実の自由民権運動にたいしては「不即不離」の態度をとっていたということである。

これには、いくつかの理由が考えられる。その一つは、自由民権運動の活動家の言行にたいして、兆民が強い不満を持っていたことである。『東洋自由新聞』第二号社説（三月二三日）は無題だが、政治改革に従事するものが守るべき基本的な態度、逆にいえば改革運動に従事するものにとって、もっとも戒めるべき態度を取りあげたものである。そのなかで兆民は、次のように説いている。

「詭激」の言と「矯妄」の行は、「一事の快」を得ることはできるとしても、社会に役立つ事業を実行することはできない。社会に有益な大業をなすためには、「精密の論」と「堅確の志」が必要である、と。

『経綸問答』のなかでも、登場人物の一人である豪傑君が、自由民権派の活動家にみられる「恋旧的」な態度つまり非革新的な行動様式にたいして、厳しい批判をおこなっている。活動分子にたいしてこのような批判を持っていたために、兆民は、さしあたりは自己を現実の自由民権運動へ全面的に投入しようとはしなかったのだと考えられる。

これと表裏の関係にあるが、第二は、兆民が、正しい理論を普及することが急務であると考えていたことである。同じ『東洋自由新聞』の第二号社説には、「我輩、もとより与に敵をなさんと欲する者有るに非ずして、ただ至理に逢著することを是れ求む。苟も至理に逢著することを得ば、また何ぞ事業に施すことを得ざるを恤《うれ》えん」という言葉がある。

この時期でも兆民は、実践の意味を見落としていたわけではなく、理論は絶えず実践によって現実化されなければ意味がないと考えていた。『東洋自由新聞』第十四号(四月七日)に載った「意匠業作」という有名な論文では、理論と実践の統一を次のように論じていた。

「意匠にしてこれを業作に施すべからざるときは、すなわちその意匠は如何に巧妙なるも、またこれ画餅のみ。真の意匠にあらざるなり。業作にして意匠中より修め出さざるときは、すなわちその業作はときにたまたま中《あた》るあるも、ただこれ僥倖のみ。真の業作にあらざるなり。意匠業作の二つの者は決して相分離すべからざる者なり」

しかしこの時期には、実践にたいする理論の優位を一方的に強調する傾向がでており、正しい理論さえ把握されるならば正しい実践が可能となり、社会の変革が実現するとされていた。こうした考えは、『経綸問答』のなかで南海先生が、いわゆる理論と実践の弁証法的な関係を説くことによって自己批判されることになる。しかしこの時期には、このようなオプティミスティックな理論観があったために、正しい理論を把握することが先決条件であるとされていた。

しかも、これは当時の日本がおかれた世界史的な条件からみて当然のことではあったが、兆民にとって正しい理論は、ロックやルソーやカントによって、すでに西洋において展開されていた。自由と民主主義の理論の発展に貢献した理論家として、この三人の名前を挙げるのは自由民権の時代ではかなり珍しいが、兆民の眼の確かさを示しているといってよいだろう。兆民が自己の主要な活動を、西洋の理論の導入・普及に求めたのは、こうした事情のためである。

第三は、兆民が歴史の進歩についてかなりオプティミスティックな見解をとっていたことである。ただ、この時期でも兆民は、日本の民主化の将来がそれほど容易であると考えていたわけではない。たとえば『東洋自由新聞』の第二号社説にも、「自由の権未だ興らざるの国において、自由の権を興さんと欲し、憲令未だ定まらざるの国において、憲令を定めんと欲す。天下の事、これより艱きはなく、これより難きはなし」という言葉があった。

しかし当時の兆民は、日本の民主化がかなり困難で、ある程度の時間がかかるとしても漸進的に実現していく、誤解を恐れずにあえていうと、一方向的に前進していくと考えていたように思われる。

日本の民主化の見通しについては必ずしも直接的な資料は残っていないが、英国の保守党の党首ディズレイリの死を論じた文章では、前年に自由党に政権を奪われた保守党が今またその輝ける指導者を失ったことを取りあげて、「ディズレイリ氏の死没は、自由党の英廷において、永くその勢力を占有するの楷梯なるを推測し」と述べている(「帝国の保守党の首領薨ず」四月二三―二四日)。この文章には、民主化の動向が一方向的に前進していくという見方がでているといって間違いない。[註]

　註　最近に岩波書店から刊行された『中江兆民全集』には、この論文は兆民の執筆したものではないとして収録されていない。しかし、残っている兆民の文章全体からみて、この時期の兆民が歴史の進歩についてオプティミスティックな見解を取っていたという私の解釈を変える必要はないと思うので、そのままにしておくことにした。

こういうオプティミスティックな歴史の進歩の見方が、おそらく日本の将来についてもとられており、それが兆民に「吾輩ただ当に至理を講究して、もって時を待つべきなり」(『東洋自由新聞』第二号社説)という態度をとらせることになったと考えるわけである。

ところが、歴史の進歩についてのこうしたオプティミスティックな見方は、自由民権運動が崩壊する一八八〇年代の半ば以後になると動揺しはじめる。必ずしも完全に消滅するわけではなくて、八〇年代の終わり以後にもそうした見方は尾を引いていくが、大きく動揺した。『経綸問答』のなかで、南海先生が紳士君の進化の観念を批判して、歴史の進化の複雑性とジグザグ性を説くところに、この点がでているように思われる。

歴史の進歩と日本の民主化の将来にたいするオプティミズムが崩壊することによって、兆民に新しい傾向が現れる。『三酔人経綸問答』は、まさにこの新しい傾向を代表する著作である。それが日本の将来をどうしたらよいかという問題を、真っ向から取りあげていること自体が、そのことを示している。

第二節　三人の登場人物

『三酔人経綸問答』は、紳士君（洋学紳士）と、豪傑君（豪傑の客）と呼ばれる二人の人物が、「政治の指南者」であると自認する酒好きの南海先生を訪れ、酒を飲みながら政治について問答をするという形態になっている。酔っ払いの問答という形態をとるのは、一面では三人の登場人物にそれぞれの見解をずばりと発言させると同時に、他面では当局による検閲をすり抜けるための工夫であろう。

それでは、三人の登場人物をどのように理解したらよいであろうか。この問題については、大別して二つの解釈が可能であるし、事実これまでにも二つの解釈が存在してきたといってよいだろう。

その一つは、三人のなかの一人を著者兆民になぞらえてとらえる解釈である。その場合にはこの本は著者を代表する一人の人物が、他の二人の人物の見解を批判したものであるということになる。その当時に、兆民が号に「南海」という言葉を使っていたことや、本書の構成のさまざまなあり方からみると、この場合には南海先生が著者兆民を代表する人物になることは、ほぼ間違いないであろう。

他の一つは、三人の登場人物をすべて著者兆民の分身とみる解釈である。これまでのところ、第一の解釈よりも、この第二の解釈のほうがはるかに広く存在してきたように思われる。私も、この第二の解釈をとるが、その根拠は、今から述べていくことの全体にある。そういう解釈に立って話を進めていき、なるほど、ということになれば——そうなるかどうかはわからないが——それでよいことになる。

三人の登場人物を、著者の分身とみる見方をとる場合には、兆民の思想は本書全体のなかに求めなければならないことになる。三人のなかの誰かの発言、ないしその一部の発言を孤立化してとらえ、それが兆民の主張であるというようにとらえるのではなくて、三人の発言がどの点まで共通し、どの点で対立しているかという三人の発言の関係全体のなかに、兆民の思想を求めていくことが必要になる。

徳富蘇峰は、一八九五年一二月に『国民新聞』に発表した、「妄言妄聴」という文章のなかの中江兆民の箇所で、『三酔人経綸問答』について次のように述べている。私のこの論文は、蘇峰が一言でいっていることを、いろいろと解きほぐしながら考えてみるという試みになる。

「三酔人経綸問答は、兆民君の叙情詩なり。三酔人、詮じ来たれば一兆民居士の分身。君の本領を知らんと欲せば、この書にしくはなし。その三粋人の撞着、扞挌《かんかく》するところ皆一に君の一身において、撞着、扞挌する所。要するに君の脳裏には、恒に幾多反対の要素、戦争しつつあり」

それでは、三人の登場人物は、それぞれ著者兆民のどのような側面を代表しているととらえたらよいのであろうか。まず紳士君は兆民の原理家、いいかえれば理論家ないし理想家的な側面を代表するものととらえてよいであろう。論理的にいうと理論家と理想家とは異なるけれども、今はその点には立ち入らないことにする。

本書のなかで紳士君は、正当防衛の観念を国際関係に適用することを否定して、次のように述べている。正当防衛によって他人を殺すことは、個人の場合にも問題があるから、正当防衛という言葉は、むしろ「緊急防衛」(兆民がこの言葉を使っているわけではないが)とでもいうべきものである。国と国の関係の場合には、どこまでが防御でどこからが攻撃であるかということを区別できないから、正当防衛の観念を国際関係に適用してはいけない、と(一六四ページ、『三酔人経綸問答』のページ数は岩波文庫版のページ数である)。

この個所の「眉批」に「法律の大議論」とあるから、兆民がこの発言にかなり自信を持っていたことがわかるが、この紳士君の発言には、理義によって現実を規定しようとする兆民の原理家的な側面がよくでているように思われる。

これにたいして豪傑君は、兆民の奇策家ないし権略家という側面を代表するものとみてよいだろう。本書のなかで、南海先生は「紳士君の論は、醇乎として正なるものなり。豪傑君の論は塊然として奇なるものなり」(一九二ページ)と批評しているが、奇策という言葉は、この「奇」という字を生かしたものである。

権略については、兆民が遺書ともいうべき『一年有半』のなかで、次のように論じていたことはよく知られている通りである。「権略、これ決して悪字面にあらず。聖賢といえども、いやしくも事を成さんと欲せば、権略必ず廃すべからず。権略とは手段なり、方便なり。ただ、権略、これを事に施すべし、これを人に施すべからず。正邪の別、ただこの一着に存す」。

兆民に、このような権略家ないし奇策家という側面があったことは否定できないであろう。幸徳秋水も『兆民先生』のなかで、兆民が「革命の鼓吹者」であると同時に「革命の策士」であったことを、繰り返し強調している。「この酔漢や、なお一面において、常に革命の鼓吹者たり。革命の策士たりき。しこうして当時その画するところの陰謀秘策の如何は、予一々これを知るあたわず。否な知れども語るあたわざるをいかんせんや」。豪傑君は、兆民のこのような策士的な側面を代表するわけである。

それでは、最後に残った南海先生は、どのように解釈したらよいであろうか。私は実際家としての兆民を代表するものと考える。現在ではいう必要がないことだと思うが、兆民は根は生真面目な人物であり、奇人として社会に背を向けることができないばかりではなくて、学者として書斎に閉じこもることもできず、自己の理想、自己の原理を社会に実現していくことに強い関心を持っていた。

『経綸問答』の最後のほうで、南海先生は、国政改革についての当面の基本方針を述べている。紳士君と豪傑君の二人が口を揃えてそれを陳腐な説と批判するのに応えて、著者兆民は南海先生に次のようにいわせている。この言葉には、兆民の生真面目な実際家という面が、実によくでているように思われる。南海先生は、兆民のそうした側面を代表するとみるわけである。

「南海先生、容をあらためて曰く、平時閑話の題目にありては、あるいは奇を闘わし、怪を競うて、一時の笑柄となすも、もとより妨げなきも、邦家百年の大計を論ずるに至りては、あにもっぱら奇を標し新を掲げて、もって快となすことを得んや」（二〇六ページ）

これまで、三人の登場人物は著者兆民の分身であり、紳士君はその原理家的な側面を、豪傑君はその権略家的な側面を、南海先生はその実際家的な側面を代表すると述べてきたが、『経綸問答』がこのような人物の問答という形態をとっていることは、兆民のそれぞれの側面をくっきりと浮かびあがらせるという効果を持つことになる。

通常の著作の場合には、三人の分身の総合としての兆民が発言することになる――この三人以外の兆民もまだいるかもしれないが、兆民の政治思想を取りあげるこの論文では、三人以外の人物は考慮の外においてよいだろう、また、「眉批」を一人の人物と数える人もいるが、これは登場人物ではない――。したがってその時々の状況と、発言の意図に応じて、いずれかの側面が強くでてくるということはあるが、それぞれの側面がそれほどくっきりとは現れてこないことになる。

これに反して、『経綸問答』では、三人の分身がそれぞれ独立の人物として発言することになっているために、兆民のなかにあるそれぞれの側面が、他の著作の場合よりも、よりくっきりと表現されることになる。たとえば兆民のなかにある民主主義と世界平和の理想、とくに世界平和の理想は、本書にもっともくっきりと現れている。兆民の権略主義的な傾向も、少なくとも兆民が書いた文章のなかでは、本書にもっとも強く現れているといって間違いない。

このことは、反面からいうと、本書にはその構成にともなうフィクションとでもいうべきものが、必然的に含まれているということである。三人の分身が独立の人物として登場し、相互に問答をおこなうために、問答を成り立たせるために必要なフィクションが、どうしてもでてくることになる。このうちの重要な点については、のちに本文で取りあげる。

三人の登場人物がすべて兆民の分身であるとしても、本書のように日本の将来をどうしたらよいかという実際的な問題を主題とした書物では、一人の実存としての兆民は、実際家としての南海先生に、もっとも強く現れるのが当然であると考えられる。南海先生がまさに南海先生という名前を以て登場し、紳士君と豪傑君という二人の人物が南海先生を訪れるという形で、この問答が成立したとされていることは、この点を示しているといってよいであろう。

第三節『経綸問答』の主題

三人の酔っぱらいの問答という形態のことから話をはじめたが、『三酔人経綸問答』はいったい何を主題としているのであろうか。この本を普通に読めば、まず問題になることであるが、これまでのところ、必ずしも真正面から取りあげられてこなかったように思われる。酔っ払いの問答にかこつけて、この本のなかで兆民は、何か兆民にふさわしい独特の主張を展開しているはずだと研究者が思い込み、熱心にそのような主張を探し求めてきたからではなかろうか。

私のみるところでは、独立の危機が差し迫っている後進の小国日本をどうしたらよいかというのが、『経綸問答』の主題である。紳士君、豪傑君、および南海先生の三人は、それぞれの立場からこの問題に解答を提出しているわけである。

日本の独立の危機が差し迫っているということと、日本が後進の小国であるということについては、紳士君と豪傑君が繰り返し語っている。南海先生は、日本が後進の小国であるということについては何もふれていないが、これは改めて述べる必要を感じなかったからであって、南海先生も二人と同じ現状認識を持っていたとみて間違いない。

また、日本の独立の危機が差し迫っているということについては、南海先生は紳士君と豪傑君の二人の見方を「過慮」である、神経質すぎると批判している。しかし、のちにくわしく述べるように、南海先生は二人の「過慮」と決して無縁ではなかった。ここでは、独立の危機が差し迫った後進の小国という現状認識では、三人が共通であったということにして先へ進むことにしたい。

このうちの後進の小国という自己認識は、明治時代の人々が一般的に抱いていたものであるが、それについては西洋列強と日本との関係を中心にして世界をみる見方に立っていたこと、および、日本と西洋列強との違いは歴史発展の前後の差であるとみる傾向が強かったこと、という二点だけを指摘しておく。

もう一方の独立の危機が差し迫っているという危機感も、明治時代には、より正確にいうと日露戦争が終わるころまでには、広く存在していたものである。しかしこの危機感については、後進の小国という現状認識の場合とは異なって、もう少し詳しく説明をしておく必要があるだろう。

というのは、現代の人々は、兆民がこの書物を書いたしばらくのちに日本が日清戦争を起こし、海外へ勢力を拡張しはじめ、さらにその十年後には日露戦争に一応勝って、自称一等国になり、アジア大陸に勢力を浸透させていったことを知ってしまっているために、そのような危機感があったことに疑いの目を向けるからである。仮にそのような危機感があったとすれば、政府がでっちあげたものではないか、と疑うわけである。

しかしそのような危機意識が、日露戦争までには広くかつ深く存在していたことは確かである。民衆の間にそういう危機感が広く流通していたからこそ、政府や一部の民間の論客がそれを利用できたのであって、彼らがそのような危機感を作りだしたわけではない。

もっとも、日本の独立はいつ失われるかもしれないという危機意識は、西洋列強のなかのある国によって、日本が具体的な軍事的侵略を受ける危険が差し迫っているというものではなかったし、西洋列強のなかの、ある具体的な国によって日本が植民地ないし従属国にされる危険が迫っているというものでもなかった。そのように具体的な危険があったかどうかというように考えていくと、明治の日本に危機感があったことが疑わしくなってくる。

明治時代の対外的な危機感は、政治や経済や文化をも含めて、日本が二十年ないし三十年くらいの間に西洋列強のなかのある国に従属させられていくのではないか、というものであった。その意味では、それは漠然とした危機感であった。しかし漠然としたものであるからこそ、逆に当時の人々の意識に重苦しくのしかかり、その不安をかき立てていたのである。

そうした危機感は、接しやすい例でいえば、たとえば福沢諭吉の『学問のすゝめ』第四編にでている。本書のなかの、豪傑君の次のような発言には、よりはっきりとした形をとって現れているといってよいだろう。

日本のような後進の小国は、文明化し富強化しなければ独立を守ることができない、しかし急激に富強を実現しようとすると、破産してしまう、それを避けて徐々に富強を実現しようとすると、それが実現しない前に列強によって併呑されてしまう、幸いにして併呑されないとしても、自然に列強に従属させられるのを免れることができない、と（一七四ページ）。

世界史的にいうと、このような危機意識が生まれる地盤は、日本が日露戦争において白人の大帝国ロシアに一応勝ったことによって崩れはじめた。さらに第一次大戦とともに、植民地・従属国の独立の機運が一般的に昂まったことによって崩壊した。そのために私たちは、明治の日本に漠然とした危機意識が、広くかつ深く存在したことを見落としがちであるが、それでは福沢諭吉にしても、陸羯南にしても、また中江兆民にしても、明治の思想家の思想を内在的に理解することはできないであろう。

こうして本書の主題は、独立の危機が差し迫った後進の小国日本をどうしたらよいかということであり、紳士君、豪傑君、および南海先生の三人は、それぞれの立場からこの問題にたいして回答を提出していることになる。三人の人物がその発言のなかで、国際情勢とくに欧州列強の動静についてはくわしく述べているにもかかわらず、国内の全般的な政治情勢については必ずしもまとまった形で取りあげていないのは、この危機感の深さと関係がある。

『経綸問答』には、「問答」という題が付いている。確かに、紳士君と豪傑君それぞれの発言をめぐって紳士君と豪傑君がやり合っている箇所には、問答としてなかなかよくできている部分がある。しかし本書全体は必ずしも問答となっておらず、三人の酔っぱらいの独演集とでもいうべき性格が強い。これは、三人の打ちだす方針が接点を持たないからであって、これには日本がおかれた国際的な状況の厳しさが背景となっている。

しかし問答が問答にならないのは、逆説的ではあるが、三人の発言に共通の前提がいろいろとあることがその原因となっている。共通の前提は、日本が置かれた国際的な状況の認識だけではなくて、それ以外にもいろいろあるが、それらは、ごく一部を除いて相互の問答の対象とはされない。それでいて三人は、それぞれある地点からまったく別の方向へ話を展開していくために、問答が問答にならないことになる。

独立の危機が差し迫った後進の小国日本をどうしたらよいかという問題は、『三酔人経綸問答』の主題であっただけではなくて、中江兆民が生涯をかけて自己の課題としたことであった。兆民にナショナリズムの意識、憂国の意識が強くあったことについては、誰も否定しないであろう。しかし、そのような課題意識が兆民の一生を貫いていたというと、おそらく反論をする人がでてくるであろう。中江兆民は民主主義者ではなかったか、兆民が生涯をかけて課題としたのは、日本を民主化することであったのではないか、という反論である。

私も中江兆民は、民主主義者であった、人民の自由と平等を究極の価値と信じていたと考える。にもかかわらず、兆民が生涯をかけて自己の課題としたのは、日本を民主化するということではなくて、日本の独立発展をいかにして達成するかということであったと考える。そのように考えないと、兆民の書いた文章のなかに――兆民には公的、政治的な発言とは次元が異なった私的ないし非政治的な発言がある。それは別にしての話である――なぜ兆民がそれを書いたかということがわからない文章がでてくるからである。

いうまでもなく、独立の危機が差し迫った後進の小国日本をどうしたらよいかという課題意識は、兆民において、日本の民主化を実現することこそがそのための根本的な解決策であるという考えを通じて、その民主主義の思想、人民の自由平等という価値意識と深く結びついていた。しかし、さしあたりは日本の民主化を実現することは不可能であるという現状認識を、兆民が持たざるを得なかったことを背景として、そのナショナリズムの意識、憂国の意識が民主主義の価値観と、ある場合には乖離し、ある場合には対立して現れたことは否定できない事実である。

『三酔人経綸問答』は、自由民権運動が崩壊していく状況を前にして、そのような考えを持つ中江兆民が、日本の独立と発展をどのように達成するべきかという問題を、真正面から取りあげた書物である。この本は、三人の酔っぱらいの問答というフィクションの形態を取ることによって、問題を、通例考えられるよりも、はるかに深く掘り下げているといってよいのではなかろうか。

第四節　紳士君の思想

以下では、本書の構成に従って紳士君、豪傑君、南海先生という三人の登場人物の発言を順次取りあげ、それぞれの発言内容と相互の関係を明らかにすることを通じて、『三酔人経綸問答』の思想を考えていくことにしたい。

紳士君は、三人のなかではもっとも長く発言しており、豪傑君の二倍近く、南海先生の四倍近くとなっている。これは紳士君が理論に通暁した人物として、この本の前提になっているさまざまな観念、たとえば歴史の進歩の観念とか、政治形態を基礎とした歴史の発展段階論とか、人民の自由平等の観念などについて、詳しい説明をしているからである。そのなかで、のちに豪傑君と南海先生が批判したり、異なった意見を述べたりしていないものは、二人も前提としていると一応考えてよいだろう。

紳士君の発言は、いくらか重複するような形になっている。最初に三つのことを個別的に話している。これは、紳士君がもっともいいたいことを、はじめにワッといわせると同時に、その発言にアヤをつけるという趣向であろう。

三つのことの第一は、民主主義を実現し非武装平和国家を建設することこそが、日本の独立を守る唯一の方策だということである。日本のような弱小の国家が強大な欧州列強にたいして軍事力によって対抗しようとするのは、「鶏卵を岩石に投ずる」（一二四ページ）ようなもので無謀であるばかりかむしろ危険である。それよりは、文明国であり自由平等友愛の原理を打ちだした欧州列強にたいして非武装民主国家の先例を示す（「何ぞ我より古を為さゞる」一二五ページ）ほうが、日本にとって有益でかつ名誉なことである、と紳士君は強調している。

第二は、歴史の進化を妨害して人民と国家に重大な禍害を与えないことが、政治家のもっとも重要な使命だ、ということである。一七世紀のイギリス革命という先例があったにもかかわらず、自国に革命を起こし国王の生命を犠牲にしたのは、大革命当時におけるフランスの政治家の重大な政治的責任である、と紳士君は説いている。

第三は、立憲制を導入して人民に自由の権利を認めても、特権的な貴族が存在すると、人民の平等が損なわれ自由も不完全なものとなる、ということである。これは一八八四年七月に、華族令が制定され、新しく公・侯・伯・子・男爵からなる華族制度が設けられたことを批判したものである。

このうちの第二点と第三点については、兆民は他の著作でもしばしば論じていたが、第一の非武装民主立国論、特に非武装立国論については、この本以外では、まとまった形で述べたことはなかったのではないかと思われる。この非武装立国論が、のちに豪傑君と南海先生の論議の焦点となる。

三つの発言が終わったところで、南海先生が、紳士君の話は奇抜だがまとまりがないから、もっと筋道を立てて話をしてほしいと口を挟み、紳士君が改めて話をしなおすことになる。そのあとの紳士君の発言は、ほぼ次のようになっている。

まず最初に、人民の自由が文明と富国強兵の基礎であることを明らかにしている。次いで、専制君主制から立憲制へ、立憲制から民主制へという政治形態の発展を中心として歴史の進化を説き、その過程で自由や平等の観念について説明をしている。立憲制とは、その当時には日本だけではなく世界においても、君主制を前提とし君主の権力に法的な枠をはめた制度をさしていた。つまり立憲君主制のことである。

最後に再び、日本の独立をどのようにして達成するかという問題にもどり、非武装民主国家とすることこそが、そのための最良の策であると説いている。紳士君の発言の主要部分はおおよそこのような内容になっている。

紳士君によると、英・独・仏・露など、欧州列強の富強の基礎は人民の自由の意識であった。平和主義の紳士君が、富国強兵を当然の価値としていることは注目される。しかしそれはともかく、自由の意識は人間の知見、学術とは異なる、いわば根元的な知識が拡大するのにつれて増大するものであり、それが文明と歴史発展の基礎である。つまり歴史の進歩は、啓蒙主義と同じように人間の自由の意識の進歩である、ということになる。

紳士君のこの見解は、自然科学的な「学術の精巧」が「財貨の殷富」をもたらし、「財貨の殷富」が富国強兵を実現する、という説に対立しつつ展開されていた。このように自然科学を重視する説は、明治初年の啓蒙思想家のなかでは、たとえば津田真道に、もっともはっきりとした形をとって現れていた。また自由民権運動が急激に興隆してきたのに驚いた明治政府の内部でも、一八八〇年前後には、高等教育では社会科学ではなくて自然科学を中心とした教育をおこなうべきであるという意見がでていた。

ヨーロッパにおいて、啓蒙思想の形成は、近代が本格的に成立したことを告げるものであるとされる。この啓蒙思想は、よく知られているように、ルネッサンス以後における自然科学のめざましい発達を基礎として展開された。しかし、自然科学的な知識を社会的、政治的な知識から孤立化してとらえそれだけを尊重すると、思想的な意味が全く変わってしまうわけである。

歴史の進化については、紳士君は専制君主制から立憲君主制へ、立憲君主制から民主制へという政治形態中心の発展段階論をとっていた。これは、自由民権派に広くみられた見解であるといってよいだろう。しかし、それぞれの発展段階についての個々の説明には、兆民に特徴的な考えがいろいろとでている。

専制君主制の説明に、日本ないし東洋の事例が用いられていることもその一つである。君主専制政のもとでは「君臣の義」という観念が生まれ、君臣関係を安定化する役割を演じるとされているが、この「君臣の義」は儒教の観念とみてよいだろう。

また君主専制政のもとでは、官尊民卑の傾向が一般化するとされているが、これは主に明治時代の日本の状況を念頭に置いたものであろう。その説明によると、官尊民卑の状況のもとでは、民間の人はあらゆる面で官の庇護を受けようとしているが、官の内部ではそれぞれの位置の人が、上位の人にたいしては媚びへつらい、逆に下位の人にたいしては威張り散らすという抑圧と追従の循環が成立するとされる。日本社会における官尊民卑の批判は、福沢諭吉がもっとも重要なテーマの一つとしたものであったことは、改めて指摘するまでもないであろう。

紳士君においては、自由と平等の観念も政治形態の進化と関連づけて説明されている。紳士君の説く自由は、自主ないし自治という点に力点が置かれていた。Ｉ・バーリンの『二つの自由概念』にしたがっていうと、その自由は他人から干渉されない領域の大小に関心をおく消極的な意味の自由ではなくて、自分の主人でありたいという積極的な意味の自由である。俗にいう、「…からの自由」ではなくて「…への自由」である。

今、自由主義と民主主義とを区別して考えるとすると、消極的な意味における自由の観念は、自由主義との関係が強いのにたいして、積極的な意味における自由の観念は、民主主義との関係が深いことはよく知られているとおりである。

紳士君が述べる「自ら一身の主となりて生を計る」（一三八ページ）や、「人々自ら主として別に主人なき」（一四七ページ）という言葉には、積極的な意味における自由の観念がはっきりとでている。

専制君主制のもとでは、人民は単なる「飯袋子《はんたいす》」（一三八ページ）に過ぎなかったとされるのも、官尊民卑の状態が一般化し、抑圧と追従の循環が成立するとされるのも、人民に自由がなかったこと、人民に自主性がなかったことの結果にほかならない。

立憲制のもとでは、人民が政治的に一定の自主性を獲得する。自ら選挙した議員によって構成される議会を通じて、人民は国政に参与する。しかし、世襲的な君主や貴族が存続する。彼らの特権は、専制君主制の時期と比較すると大きく制限されているが、彼らが存在することは、やはり人民の平等、人民の自由を不完全にする。

こうして、紳士君にとって自主である点で人民が平等であること、いいかえれば平等に自主であることが最高の価値となる。「平等にしてかつ自由なること、これ制度の極則なり」（一四五ページ）。政治形態としては、これは民主制にほかならない。

このように紳士君の説く平等は、その自由の観念と密接に結びついていた。それは、特権的な身分の廃棄を要求するが、必ずしも経済的な不平等を直ちに問題にするものではなかった。経済的な不平等が拡大し、人々が平等に自主であることが妨げられていると判断されるようになると、経済的な不平等の廃棄が問題となるはずである。しかし紳士君は、否、兆民は、その前の段階、つまり貴族など、特権的な身分の廃止に取り組むという段階にいたといってよいだろう。

紳士君において、自由と平等の観念は、歴史の進化の観念と深く結びついている。イタリーの学者G・デ・ルジェロが一九二五年に著した〈The History of European Liberalism〉（私が読んだのは、R・G・コリングウッドが一九二七年に英訳した本である）によると、近代自然法思想が支配的であった一八世紀までには、人間の自由と平等は自然状態の観念と結びつけてとらえられていた。この自然状態は社会状態が成立する以前に、実際に存在していたとされる場合と、存在していたはずだと想定される場合とがあったが、いずれにしてもそれは、社会状態が成立する以前に存在したとされるものであった。したがって人間の自由と平等は、社会状態が成立する以前に存在するものとされていた、といってよいだろう。

これにたいして、歴史の進歩の観念が成立した一八世紀の終わり以後になると、人間の自由と平等は、進歩の観念と結びつくことによって、歴史の未来に実現されるべき目標ないし課題と考えられることになった。

こうしたルジェロの説に照らしてしてみると、紳士君の思想はまさに歴史の進歩という観念が成立した以後のものであった。紳士君には、人間が本来持っていた自由、権利を「恢復」するという言葉遣いがみられなくはない。しかし、その基本的な思想は自然法的ではなくて、歴史の進歩という立場にたつものであったといってよいだろう。

ところで明治時代の日本においては、ヨーロッパでは一八世紀の終わりに展開しはじめた啓蒙主義的な歴史の進歩の観念と、一九世紀になってしばらくしてから展開しはじめた進化論的な歴史の進化の観念とが、混交して導入された。この歴史の進化の観念は、生物学からでてきた生物の進化という観念が、歴史の進歩という観念の影響を受けて人類の歴史に適用されるようになったものである。このために、二つの観念には、細かくみていくとかなり重要な相違面があった。

第一に、啓蒙的な進歩の観念では、歴史の進歩は何よりも人間の知識の進歩である。したがってそれは、人間の意識的な努力によって実現されるものであった。これにたいして、進化論的な進化の観念では、進化がもともと生物の変化のなかに結果として現れるものであったから、歴史の進化は、何か事物の必然の成り行きとして現れるものとなり、人間の意識性の要素が弱くなる。

第二に、啓蒙的な進化の観念では、歴史の未来に人類の完成状態が想定されていた。このような観念が、どのようにしてできたかということは、簡単には説明できないので、ここでは立ち入らないことにする。これにたいして進化論的な進化の観念では、人類の完成状態といった観念は存在せず、歴史の進化は無限の進化の過程、目標なしに展開される一方向的な進化の過程と考えられていた。

第三に、啓蒙的な進歩の観念では、すでに述べたように、進歩するのは人間の知識であるとされていた。たとえば福沢諭吉の『文明論之概略』の第六章、「知徳の弁」では、進歩するのは人間の知識であって、道徳的な性格は変化しない。ただ、知識が増大するにつれて、人間は自身を知的に統御することができるようになる。その限りにおいて、道徳的な状態もいくらか改善していく、とされるにとどまっていた。これにたいして進化論的な進化の観念では、この領域の限定性がなくなり、人間は全般的に無限に進化していくとされていた。

ヨーロッパでは、一八世紀の終わりに啓蒙的な進歩の観念が現れたが、一九世紀に入ってしばらくすると、その影響を受けて進化論的な歴史の進化の観念が展開した。この進化の観念では、歴史は無限に、しかも何か自動的に進化していくものである、という進化のオプティミズムが現れた。

しかし一九世紀の終わりになって、貧富の格差の拡大といった社会的、経済的な矛盾が増大してくると、弱肉強食、優勝劣敗が歴史の必然的な成り行きであるという観念がでてきて、社会進化論はそれまでのオプティミスティックなものから、一転してペシミスティックなものに変化した。さらにその後になると、国際関係は優勝劣敗の修羅場であり、生き残る人種は優者であるという戦争賛美の理論が、社会進化論と結びついて展開された。

話がだいぶ横道にそれたが、社会進化論、生物進化論を人類の歴史に転用した社会進化論は、おおよそこのような変遷をたどった。紳士君の歴史観には、明治の日本で一般的であったように、啓蒙的な進歩の観念と進化論的な進化の観念が混交して現れていた。

歴史の進歩を人間の自由の意識の進歩とみる見方や、人間の完成状態という観念があることなどは、啓蒙的な進歩の立場を示すといってよいだろう。人間の完成状態について、紳士君は次のように述べている。

「民主の制か、民主の制か。頭上ただ青天あるのみ、脚下ただ大地あるのみ。心胸爽然として、意気潤然たり。ただ永劫を永しとして、前後幾億々年所なるを知らず。始めなく終わりなければなり。ただ大虚を大なりとして、左右幾億々里程なるを知らず。外なく内なければなり。……人々自ら主として別に主人なき時は、国名はただ地球の某部分を指名するに過ぎざるのみ……民主の制か、民主の制か……世界人類の知恵と愛情とを一混して一大円相となす者は、民主の制なり……立憲は駅舎なり、早晩必ず去らざるべからず……民主は屋宅なり。ああ、久しく行旅して宅に帰る者は、その安きこと如何ぞや」（一四七―八ページ）

紳士君にとって、人間の完成状態は民主制であった。それは、人民の自由と平等が実現した状態であったと思われるが、それだけにとどまらず、国家という枠が撤廃された状態でもあった。また、民主制といっても『荘子』かなにか、東洋思想の影響が強くでていることも注目される。

紳士君には、このような啓蒙的な進歩の観念のほかに、進化論的な歴史の進化の思想がかなり強く現れていた。歴史の進歩とか発展ではなくて、歴史の「進化」という言葉が好んで用いられている。また進化の意味の説明は、ごく簡単で粗雑であるが、進化論の考えに従って、構成要素の分化と相互の調和の増大と説明されている。さらに人間ないし社会が領域の区別なしに、全般的で、しかも何か自動的で一方向的に進化するとされている。

「進化神は進むことを好みて、退くことを好まず」（一二六ページ）

「それ世界の大勢は進むことありて退くことなし、これ事物の常理なり」（一三五ページ）

紳士君が説くこのような歴史の進化の観念については、のちに南海先生が詳しい批判をおこなっている。この点には、どのように理解したらよいか難しい問題があるが、その問題は南海先生を取りあげる箇所で述べることにしたい。

ここで紳士君の、非武装民主立国論へ移ることにしよう。この本の主題からみて当然のことであるが、これが紳士君の発言の眼目である。日本国憲法のもとに生きている私たちにとって、非武装立国論は別に珍しいことではないが、当時の人々にとってはまさに破天荒な理論であった。この箇所で紳士君が、一八世紀の初期に活躍したフランス人、サンピエールからルソーを追ってカントに到る「永久平和論」の歴史を、ある程度詳しく紹介していることなどはそのためであろう。しかしここでは、そのような発言をいちいち紹介する必要はないであろう。

紳士君は、日本のように経済力が貧しく、軍事力が乏しい後進の小国が、経済力が豊かで軍事力が強大な欧州列強にたいして、軍事力で対抗しようとすることは無謀である。それよりは民主主義を実現し軍事力を撤去して、侵略の意図がないことを示すことの方が日本の独立にとって有効な方策であると説いている。

紳士君のこの意見を聞いて、豪傑君は狂気の沙汰だと批判しているが、発想という点からみると、紳士君の考えは、中国侵略策を説く豪傑君といろいろの点で共通している。第一に、紳士君は非武装無抵抗を説くが、それは理義を守ることが、現実的にみてもっとも有効な方策であると考えるからであって、必ずしも現実を無視しているわけではない。

また紳士君は、日本のような後進の小国は、何か賭け的な方策をとらなければ独立を守ることができないと考えているが、この点でも豪傑君と共通している。三大事件に関する一八八七年一二月の後藤象二郎の建白書は、兆民が代筆したものであるが、次のような言葉があるから、それはもともと兆民にあった考えだったとみてよいであろう。

「弱小の邦をもって強大な国と交わるには、往来酬接《しゅうせつ》の際、および自家経国の術、ならびに一種出色のところ有りて始めて自ら樹立することを得るなり。もし然らずして依倚《いい》齷齪《あくあく》、もって歳月を玩過するときは、ついに自ら靡尽《びじん》するに帰せんのみ」

紳士君にとって、非武装立国論は民主主義と不可分な関係にあった。それは、人民が一致結集して支持しなければ実現しないし、民主化することによって他国にたいし侵略の意図がないことを明らかにしなければ存続できないからである。そのさいに、民主主義の制度として男女の普通選挙、一院制の議会や府県から群区町村までの首長の公選制などをあげていることは、文字通り注目する必要があるだろう

また日本の非武装立国は、世界の各国、特に欧州列強が、民主化し国家という枠を廃棄することによって非侵略的にならなければ継続できない。その意味では日本の民主主義非武装化は、欧州列強の民主化の動向に左右されることになる。紳士君が、自由、平等、友愛というフランス革命の原理によって、欧州列強の対外行動を批判するのはそのためである。

欧州諸国が生みだしたnationの自由平等という国際規範を盾にとって、アジアなどの諸国にたいする欧州列強の対外的な行動を批判する傾向は、明治の半ばまでの日本には広く存在していた。しかしその場合、欧州列強

が繰り広げる弱肉強食の現実は、日本としてはどうしようもない所与として受けとられたために、列強の帝国主義にたいする批判は、その裏面に日本も列強のようになりたいし、またそうならなければならないという考えをともなっていた。本書のなかでは、この傾向は豪傑君に代表して現れる。

これにたいして紳士君には、日本が欧州列強にたいして民主主義と非武装立国の模範を示すのだという考えが現れ、欧州諸国の人民に向かって、平和と民主主義のために立ちあがれという呼びかけすらがおこなわれている。こうした紳士君の発言の基礎には、欧米諸国にたいして後れをとってなるものかという強い国民的な自負心が流れていた。この点でも、紳士君は豪傑君と共通していた。

近代日本では、世界の大勢を民主主義展開の動向と理解するものも、弱肉強食の動向と理解するものも、世界の大勢は日本にとって所与でありそれに従うしかないというとらえ方が一般的であった。そのような時代において、紳士君のこの態度は注目しておいてよいだろう。このような態度は、日露戦争当時の社会主義者に受け継がれる。兆民の教えを受けた幸徳秋水は、日露開戦後間もない一九〇四年三月に「与露国社会党書」を『平民新聞』に発表し、戦争反対に立ちあがるよう呼びかけた。この呼びかけは、ヨーロッパの社会主義者の間でそれなりの反響を呼んだといってよいだろう。

最後に、戦争の原因についての紳士君の解釈をみておくことにしよう。紳士君によると、戦争の原因は功名を好み武威を喜ぶ帝王将相にある、戦争の被害を受けるのは人民だから民主制になれば戦争はなくなるはずである。いわば時代遅れの君主や大臣・将軍が存在していることに戦争の原因があることになる。

これに反して豪傑君によると、戦争の原因は、人間が誰でも持っている他人に優越したい、他人に負けたくないという競争欲、闘争本能にある。この競争欲、闘争本能は人間だけでなくてどの動物にもあるものだから、豪傑君の場合には、戦争の原因は動物の持つ競争欲、闘争本能にまで一般化されることになる。

こうした紳士君と豪傑君の見方は、明らかに対立している。紳士君の立場にたてば、民主制になれば戦争はなくなるのにたいして、豪傑君の立場からいうと、戦争は永久になくならないことになる。また紳士君からみると、普仏戦争当時におけるプロシヤとフランスの対立は、ウィルヘルム一世とナポレオン三世との対立にすぎないのにたいして、豪傑君からいうと、プロシヤ人とフランス人の対立ということになる(一六一および一八八―九ページ)。この点は、本書のなかで登場人物の現実認識が食い違っている珍しい例ではないかと思われる。

しかし反面からいうと、二人の見方に、ある親近性があることも確かである。第一に紳士君も、帝王、将相の功名心という人間の心理に戦争の原因を求めている。また紳士君は、民主制になっても学術や経済的な利益の競争はなくならないと説いている。これらの点では豪傑君と似ているといってよいだろう。

豪傑君的な人間観は、兆民に深く根ざしたものであることはのちにも述べるが、戦争の原因についての紳士君と豪傑君の見方は、いずれも兆民のものであり、二つの見方は必ずしも整合されないまま兆民の内部に渦巻いていたと私は考える。

戦争の原因についての、こうした紳士君と豪傑君の見方には、戦争を社会の構造、政治や経済やその他を含めた社会の構造と関連づけてとらえる見方がない点で問題である。この点は、紳士君よりも豪傑君に、いっそう当てはまることはいうまでもない。兆民がこの本を書く前後に、福沢諭吉や陸羯南が、まだごく素朴なものではあるが、戦争を資本主義の構造と関連づけてとらえる見方を打ちだしていたことと考え合わせると、この点に兆民の弱さがあったことは否定できないように思われる。

兆民のこの弱さは、兆民が、陸はもちろん福沢よりも、民主主義を推進することに、はるかに熱心であったことと関係がある。この点には、現在の私たちもじっくりと考えるべき問題があるように思われる。戦争をなくすためには民主主義を徹底する必要があるという兆民の考えは、現在でも支持することができる。しかし兆民の論理では、民主化が進行するにつれて熱狂的な排外的大衆ナショナリズムが勃興するという、兆民が死去するころから展開しはじめた動向を、とらえることができないのではないかと思われる。

紳士君の発言には、戦争と関連してある矛盾が現れている。紳士君は、ある箇所では独、仏、英、露など、欧州列強の対外行動を批判して、「地球上の諸大国、多くは皆愚にして立君の制を守り」（一六一ページ）といっている。この言葉は、フランスが民主制になったしイギリスも名目的には君主制であるけれども実質的には民主制に近いと述べた、他の箇所の発言（一四八・一四六ページ）と明らかに矛盾している。これは、民主主義が徹底するならば国家という枠が消滅し世界平和が実現するはずであるが、独露はもちろん仏英も、それからまだはるかに離れた段階にあると述べたものとみてよいだろう。

第五節　豪傑君の思想

紳士君とはまさに逆に、豪傑君は中国を侵略し、その領土の一部を割き取ることによって大国化し、富国強兵を実現することこそが、後進の小国、日本の独立を達成するための唯一の方策であると説いている。これまで私は、何の説明もせずに豪傑君の中国侵略策といってきた。豪傑君は、明らかに中国を指すと判るように色々のことを述べているが、侵略策を説いた箇所では、中国という固有名詞をだしている場合は一度もない。この機会に断っておく。

非武装立国論を説く紳士君には、発想の点で豪傑君と共通する点があることについては、すでに述べたので繰り返さないことにする。ここでは、中国侵略策を説く豪傑君に紳士君と共通する点、共通するとはいえないとしても、必ずしも非両立的でない点があることを付け加えておく。

第一に、豪傑君の中国侵略策は日本の防衛という発想に立っている。対外的な独立の確保と、対外的な勢力の拡張、防衛と膨張とが不可分に絡みあって現れることは、明治時代の対外態度に一般的にみられる傾向であるが、豪傑君の中国侵略策には、この傾向がはっきりとでているといってよいだろう。

この中国侵略策の一環として、日本の首都を大陸へ移し、元の島国は自由民権派にくれてやる、という策がでてくる。漫然とこの言葉を読むと、酔っぱらいの問答という体裁をとる本書の内容を面白くするために、著者兆民が、豪傑君にこのような策をいわせているように思われなくもない。この本のなかには、著者が文章をもてあそんでいるようにみえる箇所があることは事実である。

しかしこの首都移転策は、防衛のためには細長い島国よりも奥深い大陸国家の方がはるかに有利であるということを考え抜いた末の結論ではなかろうか。兆民が、生半可にこのような策を述べているとは思われない。ただ、大陸へ移った首都を含む領土を守ることが、はたして日本の防衛になるのかという問題は残るだろう。

第二に、豪傑君は自己の中国侵略策が時代遅れであることをはっきりと認めている。このような策は、後進のアジアという状況においてのみ実行する余地があるし、欧州列強相互の対立の余波が及んでいくという状況においてのみ、成功する可能性があると述べている。侵略策が時代遅れであると認める点では、紳士君の考えと違いがないといってよいだろう。

第三に、急激に近代化する後進国においては、「恋旧元素」と「好新元素」、守旧分子と革新分子の対立が必然的に発生するが、豪傑君は自己を「恋旧元素」と認めており、中国侵略に出征することによって死滅するべき人間のなかへ数えている。少なくとも豪傑君は、紳士君の説く民主主義に反対はしていない。

しかし豪傑君の説く中国侵略策が、紳士君の非武装立国論と、まさに百八十度対立するものであることは改めていうまでもない。それでは、二人がこのように別れていく分かれ目は、どこにあったのであろうか。それは現実にたいする関わり方の相違である。紳士君は現実を踏まえながらも、現実をいかになすべきかという観点に立ってそれに働きかけていこうとするのにたいして、豪傑君は現実がいかにあるかということに則してそれに対応しようとしている。

豪傑君が自己の見解をまとめて述べはじめた最初に、次のような言葉がある。「そもそも戦争の事たる、学士家の理論よりしていう時はいかに厭忌すべきも、事の実際において畢竟避くべからざるの勢いなり……人もし争いは悪徳なり、戦は末節なりといわば、僕は対《こた》えていわんとす、人の現に悪徳あることを如何せん、国の現に末節に従うことを如何せん、事の実際を如何せん、と」(一六五―六ページ)。

現実の人間がおこなう行動について、道徳的に問題がある場合にも、実際上やむを得ないものとしてそのまま認めるような「現実的」な態度は、もともと兆民にあったように思われる。これはやや のちのことになるが、兆民は政治の世界から引退したのちに、遊郭の設立に関与したことがある。そのさいに、仮に道徳的に悪いとしても必要だから作るのだ、と語ったと伝えられている。

豪傑君は、人間には他の動物と同じように、他人に負けたくない、他人に優越したいという競争欲、闘争本能があり、これが人間関係において争いが起こる一般的な原因である、この争いにおいて勝つものは優れたものであり、優れたものは勝つといっている。豪傑君が、このように人間と動物とを等し並みに取り扱っていることは注目される。この傾向は、必ずしも進化論からでてきたとはいえないかもしれないけれども、進化論と親縁性があることは間違いないであろう。

豪傑君は、人間と動物にみられるこのような行動を、ほとんどそのまま国家の行動に当てはめていく。国家は、他国にたいして自国を優越させようとするものであるから、国家と国家との関係は、いわば弱肉強食が常態化した状況である。そうした国際関係のもとでは、文明国は強国であり強国は文明国であって、弱小国は文明化し富強化することによってしか、その存在を維持することができない。

文明国は強国であり、強国は文明国であるという観念は、紳士君にもみられた。しかしそれはともかく、豪傑君が社会関係や社会組織とは無関係に人間の欲求をとらえ、そのような単純な欲求に基づいて、人間のあらゆる活動を説明するのは問題である。まして、国家や戦争という複雑な社会現象について、同じような説明をするのはいっそう重大な問題である。

ただ、この後者の傾向は兆民の書いた文章には、豪傑君の発言以外には必ずしもそれほどはっきりと現れていないように思われる。しかし、国際関係を弱肉強食の状況ととらえ、国家はあらゆる機会をとらえあらゆる手段を使って自己の勢力を拡張していかなければならない、とする権力政治の観念が兆民にあったことは否定できない。一八九一年四月に、『立憲自由新聞』に発表した「難儀なる国是」という論文では、兆民は朝鮮問題に関連して対清強硬論を次のように唱えていた。この文章では、「正不正如何と顧みるのみ」と断っているが、否、そのような言葉を使いながら、国家の勢力を維持・拡張することを唱えている点で、権力政治の観念がはっきりとでているといってよいだろう。

「如何なる事勢に迫らるるも戦わざるとの国是を定むるにおいては、ずいぶん難儀なる国是といわざるを得ず。……およそ一国防守の勢いはつとにその国四境の内に存するのみならずして、境外といえども、事勢上自国の一部分と見なさざるを得ざることあり。……輔車唇歯のたとえ、古人すでにこれを言えり。ここにおいてか我が土にあらざる国土にして、いやしくも他国の攻略する所となるときは、直ちに我が国土を割き取られたると一般の患害を生ずることあり。……事勢迫らば戦わんのみ。衆寡較ぶべきにあらず。強弱量るべきにあらず。正不正如何と顧みるのみ。弱きを助け、強きをくじき、義によりて暴に抗せんのみ」

豪傑君は、このような権力政治の思想を基礎として中国侵略策を説いている。しかし、豪傑君の特徴は中国侵略策という権略を説くだけではなくて、その権略が権略として、いわば一人歩きをしている点にあるように思われる。改めて、その中国侵略策を見直してみよう。

豪傑君によると、日本のような後進の小国が独立を守ることは非常に難しい。ところが幸いにも近隣に、中国のように国土が広く人口が多いにもかかわらず軍事力が脆弱な国家があるから、日本はその領土の一部を割き取り、自己を大国化し富強化することによって独立発展を図るべきである。

豪傑君の策は、これだけで終わらず、さらに続きがある。仮にこの中国侵略策が成功しなかったとしても、戦争をするならば、それに積極的な守旧分子を戦争に駆りですことによって死滅させることができる。つまり、近代化にともなって必然的に現れる守旧分子と革新分子の対立を、うまい具合に解決できる、したがって中国侵略策はどう転んでも、よい結果をもたらすというのである。

守旧分子だけを死滅させるような形で戦争をすることなど不可能である。また当時の日本の状況のもとでは、戦争をするならば守旧分子的な思想をいっそう強化することは明らかである。にもかかわらず、豪傑君が右のような権略を説くところに、権略が権略として一人歩きをしていることが現れている。

豪傑君に現れたこのような権略主義の傾向は、もともと兆民にあったものとみて間違いないだろう。幸徳秋水の『兆民先生』によると、一九〇〇年に兆民が近衛篤麿らの国民同盟会に参加しようとしたときに、秋水が、国民同盟会はロシアの討伐をめざす帝国主義の団体であるから、それに参加することは先生の自由平等の大義にもとるのではないか、と諌めたところ、兆民は次のように答えたという。この言葉には、豪傑君とおなじ権略主義の傾向がでているといってよいであろう。

「露国と戦わんと欲す。勝てばすなわち大陸に雄張して、もって東洋の平和を支持すべし。敗るればすなわち朝野困迫して国民初めてその迷夢より醒むべし。よくこの機に乗ぜばもって藩閥を勦滅《そうめつ》し内政を革新することを得ん。また可ならずや」

もちろん兆民は、このような権略主義が簡単に成功するなどと思っていたわけではない。この点は本書のなかで、著者が南海先生だけではなくて豪傑君自身にも、その策が時代遅れであることを説かせていたことからも明らかである。にもかかわらず、兆民に絶えず権略主義の傾向がでてきたのは、日本の置かれた状況の厳しさが背景となっている。人民を民主主義的に結集することを通じて日本の独立発展をはかることができなかったために、兆民には絶えず「出色の」策をたてようとする権略主義の傾向が表れたのである。

最後に、豪傑君による「恋旧元素」と「好新元素」についての分析を簡単にみておくことにしよう。この問題を豪傑君が取りあげるのは、中国侵略策の一環として「恋旧元素」を戦争に駆りだし消滅させるという方策を説くことと関係がある。しかし、この「恋旧元素」と「好新元素」の分析は、まとまりのある一つのテーマを構成しており、豪傑君の発言の三分の一前後を占めることを、あらかじめ注意しておきたい。

「恋旧元素」と「好新元素」、守旧分子と革新分子の対立は、急激な近代化にともなって必然的に現れるものであるが、在朝にも在野にも、つまり藩閥政府にも自由民権運動にも、両分子が広くみられるとされていることからわかるように、この区別は一面ではイデオロギー的な立場の守旧と革新を示しているが、他面ではそれとは区別された、いわば心理的な態度における守旧と革新をさしている。豪傑君がこの二面をはっきりと区別していない点には、理論的な曖昧さが残る。しかし、そうした曖昧さを残しながら、この分析は当時の政治の世界にみられた、守旧的な動向と革新的な動向の具体的なあり方を興味深く描いているといってよいだろう。

豪傑君は、守旧的であるか、革新的であるかの区別を、年齢および出身地の旧藩情と関連づけてとらえている。このように、社会的な態度の相違を、それを担う人々の社会的なありかたと関連づけてとらえる社会学的なとらえ方は、当時に広くみられたものであって、必ずしも珍しいものではなかった。

福沢諭吉は、一八七九年に出版した『民情一新』の第二章「人間社会の種族中、いずれか保守の主義に従い、いずれか進取の主義に従う者ぞ」では、保守的であるか革新的であるかの違いは、年齢が老年であるか弱年であるか、居住地が田舎であるか都会であるか、教育程度が低いか高いか、経済状態が豊かであるか貧しいか、社会的な地位が官であるか民であるかによって決まると説いていた。

豪傑君、否、兆民が社会的な態度を決定する重要な要素として、出身地の旧藩情をあげている点は斬新であるが、そうした着想は兆民の関心の焦点が当時の政治の世界に置かれていたことから、ごく自然にでてきたものといってよいだろう。

その分析によると、徳川時代において二〇万石以上の大藩、とくに交通が不便な土地にあった大藩は、閉鎖的であったから、その出身者は守旧的になりやすい。これにたいして、大藩でも交通が便利な地にあった大藩の出身者は守旧的ではない。二〇万石未満の中小藩、とくに交通が発達した地域にあった中小藩は開放的であったから、その出身者は革新的になる。

こうした分析は、一つにはその当時の明治政府を念頭においていた。兆民が藩閥政府を、イデオロギー的な統一性のない「多頭一身の怪物」と批評していたことは有名な事実であるが(「多頭の怪物」『国民之友』一八八七年一二月)、ここでは共に大藩でありながら、交通が便利な長州の出身者が革新的であるのにたいして、交通が不便な薩摩の出身者が守旧的であるという相違が興味深く対比されている。

しかしこの分析は、それ以上に、自由民権派の内部にみられた守旧分子の批判に向けられていたように考えられる。兆民が、自身とおなじ土佐出身の板垣退助を中心とした立志社系の人々の守旧的な傾向にたいして、強い不満を持っていたことはよく知られているとおりであるが、いうまでもなく土佐藩は交通が不便な地にあった大藩である。

しかしそれだけにとどまらず、豪傑君は、解体期の自由民権派にみられるさまざまな反革新的な動向を、厳しく批判している。けれども、この問題は豪傑君の発言の中心から外れるので、これ以上立ち入らないことにする。

著者兆民は、豪傑君を「豪傑の客」といい、羽織袴のいでたちでこの本に登場させた。これは、豪傑君が説く中国侵略策が時代遅れであることを示そうとしたからであろう。しかし中国侵略策はともかく、思考方法という点では、豪傑君は決して非合理的ではなかったし、「日本主義的」でもなかった。

戦争は兵士にとって苦しみであるから、民主化が実現するならば戦争はなくなるという紳士君の説を批判して、豪傑君は、戦争の苦しみのなかに将帥は将帥なりに、兵士は兵士なりに、敵に勝つというよろこびがあると述べている。その箇所で著者は、わざわざ南海先生に「豪傑君よく人心の奥区を捜抉《そうけつ》し、よく人情の快楽を模写す。性理家〔心理学者をさす〕の説に得るある者に似たり」（一七〇ページ）といわせているから、これは豪傑君、否、兆民がかなり自信を持っていた説のように思われる。

豪傑君のこの説は、戦争はなくならないとは説いているが、いわゆる戦争肯定論のように戦争は道徳的に腐敗堕落した人民を健全な状態に立ち直らせる、といったまやかしは述べていない。また豪傑君は、富国強兵を実現しなければ日本は欧州列強に対抗できないと説いており、欧州列強の「物質的な力」にたいして、日本は「精神力」で対抗するのだといった精神論は、みじんも示していない。そのような考えは、むしろ日露戦争後に流通したものとみてよいだろう。このような思考方法という点では、豪傑君は紳士君や南海先生と何の違いもないといってよいだろう。

第六節　南海先生の思想

南海先生は、これまでに紳士君と豪傑君の二人が述べてきた見解を要約しながら、紳士君の説はヨーロッパの思想家が未来に思い描いてきた理想であるが、時期尚早であってまだ実現できないし、豪傑君の策は昔から英雄がおこなって成功を収めてきたものであるが、時代遅れであって現在では実行できないと批判している。つまり、二人の説は共に時代の状況に適合しないというわけである。

このあとで南海先生は、第一には歴史と政治をめぐる紳士君の見解を、第二には日本が置かれた国際情勢についての紳士君と豪傑君の二人の見方を、「過慮」だと批判しながら自己の見解を展開していく。

南海先生によると、紳士君は「進化神」の「霊威」を信じて、つまり歴史の進化の法則を絶対視して、現在の日本に民主制を直ちに実現しようと考えているが、それは誤りである。歴史は段階を踏んで漸次発展するものであり、それぞれの時代と場所には、それに適した政治形態がある。また歴史の行路は複雑でジグザグがあり、紳士君が考えているように決して直線的に進化するものではない。

政治において重要なことは、時と地、時代と場所を知り、それに適した政治をおこなうことである。より正確にいうと、その時代と場所において実現できることを実行しなければならない。たとえば王安石の新法を例に挙げると、歴史家のなかには、北宋の時代に新法がでてくる歴史的な必然性をいうものがある。しかし新法は、宋代の当時において実現できないものであったから、それを実行しようとした王安石は間違っていたことになる。

　時代と場所を知るということは、別の形で表現すれば、その時々の人民の意向に従って政治をおこなうということである。これは政治の本旨ともいうべきことである。紳士君は自由平等の民主制を正しいと信じて、それを現在の人民に押しつけようとするが、それは政治の本旨にもとり人民の間に重大な禍害をもたらす。

　この言葉は、実際家としての南海先生が、理論家としての紳士君の原理主義ないし理想主義を批判したものとして重要である。豪傑君が、紳士君の非武装無抵抗主義を批判した箇所にも「甚だしきかな、理学の旨趣の人心を錮蔽《こへい》するや。紳士君の数時間来滔々の弁を奮うて、宇内の形勢を論じ、政治の沿革を述べしも、最後の一着は、挙国の民手を拱《きょう》して一時に敵丸のもとに斃《たお》るるに過ぎざるのみ。談何ぞ容易なるや」（一六三ページ）という言葉があった。これは、著者兆民が政治における原理主義、理論主義の危険を、自覚し批判していたことを示す点できわめて重要である。

　このあとで南海先生は、いわゆる理論と実践との弁証法的な関係を取りあげて、次のように述べている。歴史は人間が作るものであるが、そのさいに人間は、過去から受け継いできた思想を基礎として現実に働きかけ、逆に現実に働きかけることを通じて新しい思想を獲得していく。「思想、事業を生じ、事業、また思想を生じ、かくの如くにして変転やまざること、これ即ち進化神の行路なり」（一九八ページ）

　南海先生は、このように述べながら当面の実践的な課題として、たいへんに有名な「恩賜的民権」から「恢復的民権」へという方針を打ちだしている。これは、明治政府が作ろうとしていた憲法体制に依拠しながら、それを実質的にも立憲主義的な制度に組み替えていくことであったといってよいだろう。

南海先生によるこのような紳士君の批判には、著者兆民と、どのように関連づけてとらえたらよいかということをめぐって、難しい問題が存在している。例えば先にふれたように、南海先生による紳士君の原理主義の批判の場合には、実際家としての兆民が、理論家としての兆民を批判したものだとみてよいだろう。ところが、南海先生が歴史の進化についての紳士君の発言を批判している場合には、南海先生は実際家としての兆民を代表しているとしても、紳士君は理論家としての兆民を代表しているとはいえないからである。

これはたいへん難しい問題であるが、紳士君には、一八八〇年代の半ば以前に兆民が抱いていた歴史の進歩についての見解が、ある程度誇張した形をとって示されているのではないか、と私は考える。誇張して、というのは、南海先生との対立面をはっきりと浮かびあがらせるということであり、三人の分身が独立の人間として問答をするという、本書の構成にともなうフィクションの一つである。

紳士君の歴史観に、進化論の影響がかなり強くでているということは、この点と関係があるように思われる。一八八七年当時の日本では、進化論の思想が、以前よりもはるかに広く普及していたが、そのような状況が紳士君の歴史観にある程度反映しているのではないかということである。

これにたいして南海先生には、『経綸問答』を書くしばらく前から兆民にでてきた、歴史と政治に関する新しい考えが現れている、と私は考える。歴史発展の複雑性とジグザグ性、政治の人為性と歴史性、政治における理論主義の危険や、理論と実践の弁証法的な関係といった観念は、一八八六年一二月に出版した『革命前法朗西《フランス》二世紀事』や一八八七年五月に出版した『三酔人経綸問答』において、初めてでてきた観念である。「恩賜的民権」から「恢復的民権」へという実践的な方針も、歴史と政治についての思考の深まりをまって、はじめて出現したものである。このあたりの「眉批」に「この一段は、少しく自慢なり」とあることは、兆民自身がその点を自覚していたことを示すものであるといってよいだろう。

次に南海先生は、日本が置かれた国際情勢についての紳士君と豪傑君の見解を取りあげて、ともに「過慮」である、神経質すぎると批判している。紳士君が非武装無抵抗論を説き、豪傑君が中国侵略策を打ちだして、真っ向から対立しているようであるが、欧州列強相互の間の争いが今にも破裂し、その余波がアジアへ及んでくるとみる点では、二人は共通している。そうした二人の見方を、南海先生は「過慮」だと批判するわけである。

この点をめぐって南海先生は、まず欧州列強相互の関係について、次のように述べている。第一に、独仏は激しい軍備拡張競争をおこなっているが、双方の軍事力がそれほど大きくなかった当時ならばともかく、現在のように軍備が強大となった状況のもとでは、戦争は簡単には起こらなくなった。

第二に、独仏英露など列強は、腕力を振りかざして争っているが、そのなかに飛び抜けて強大なものはいない。そのために相互の争いの間に、一面では権力の抑制均衡という作用がはたらくと同時に、他面では、国際法や国際平和を尊重しようとする動向がでてくる余地がある。

第三に、邦国は天子、官僚、陸海軍、庶民といった複雑な要素から成り立っている。その上に議会や新聞があって、政府の行動について論議をするから、政府が簡単に戦争を起こすことはできなくなった。

南海先生は、このように三つの理由を挙げて、列強の対立の余波が、今にもアジアへ波及してくるという紳士君と豪傑君の見方を「過慮」であると批判している。この発言は南海先生の冷静さを示している点では重要であるが、三つの理由は、列強相互の間で戦争が簡単には起こりにくくなった条件であって、戦争が起こらなくなった条件ではない。

このあとで南海先生は、列強がもし来襲してきたらどうするかという、紳士君と豪傑君の反問に応えて、その時には全人民が兵となり、いわばゲリラ戦的な――この言葉は兆民が使っているわけではないが――抵抗をおこなうほかないと答えている。この発言からみても南海先生は、紳士君と豪傑君の「過慮」とは無縁でなかったことがわかる。

さらにそのあとで南海先生は、アジア諸国の兵力は外に向かって侵略をおこなうには不足しているが、内にいて防衛をおこなうには十分であるという理由を付け加えている。しかし、もし防衛のために十分な兵力があるとするならば、全人民がゲリラ戦的な抵抗をおこなうということなど、いう必要がなかったのではなかろうか。

一八九一年三月に、兆民は『立憲自由新聞』に「神経病」という短い論文を掲載している。この論文は、その当時に重大な問題となっていた欧米人の内地雑居と西洋流の法典編纂を取りあげたものであるが、そのはじめにまず次のように論じている。

「欧州諸国が相互に交際するは、政治的と経済的との二原素にとどまりて、人種にはさまで関係なし……我がアジアとヨーロッパとの交際に至りては、しかく無造作には往き難し。その白人たり黄人たるの種別は、深く両家の脳中に印刻しあり。少なくとも我がアジア人の脳中に印刻しあり。かつ彼欧人が今日までアジア諸国に対し、豺狼の貪を逞しくし獅虎の暴を恣にせし悪例少なからず。されば人種の差違と文化の優劣と、ならびに彼が今日まで示し来たれる悪例と、この三者は実に我が日本人をして、彼に対し自然に猜懼の念を懐かしむるを免れず」

このように述べたのちに、兆民は、日本人が内地雑居や法典編纂に憂慮を抱くのはむしろ当然である、こういう憂慮は、反対論者がいうように、あるいは「神経病」ないし「頑陋病」かもしれない、しかし「余もまた神経病者の一人なり」といって、この文を結んでいる。

欧州列強との関係について、このように深い憂慮を抱いていたからこそ、兆民は本書に紳士君と豪傑君とを登場させ、非武装立国論と中国侵略策を説かせた。そうした危機感を基礎として考えていくと、激烈な政治的カケとしての紳士君の説と豪傑君の策が選択の対象として浮かびあがってくる。

しかし、実際家としての南海先生の立場からみると、紳士君の説は時代に先んじすぎているし、逆に豪傑君の策は時代に遅れすぎているために、いずれも、現代の状況のもとにおいて実現できるようなものではない。これはディレンマである。このディレンマは、当時の日本がおかれた厳しい国際的な状況から生まれたものである。

このディレンマから抜けだすために、南海先生は紳士君と豪傑君とを「過慮」であると批判するわけである。そうとでも考えなければどうしようもなくなるので一応そう考え、当面は「恩賜的民権」から「恢復的民権」へという方針に従って、内政の改革を実行していこうとするのである。

このあたりの「眉批」に、「南海先生胡麻化せり」という言葉がある。この言葉はこれまでさまざまな解釈がなされてきたが、私には、南海先生が紳士君や豪傑君と同じような「過慮」を持つにもかかわらず、二人を「過慮」だと批判していることをさすように考えられる。

ここまで書き進んだ地点に立って改めて振り返ると、こうした南海先生の態度は、一八八〇年代の初めに兆民が実際にとっていた態度と、それほど異なるものではなかったのでないかという気がする。つまり、欧州列強の圧力にたいして正面から対応しようとすると、やらなければならないことが多すぎてどうしようもなくなってしまうので、さしあたりは欧州列強の圧力を括弧に入れて、日本の民主化の基礎を置くことに専心した、ということである。「我が輩、ただまさに至理を講求してもって時を俟つべきなり」という『東洋自由新聞』第二号社説の言葉は、このような態度からでたものと思われる。

いいかえると、紳士君と豪傑君が述べるような厳しい対外的な危機感は、もともと兆民にあったものではあるが――そうではなしに兆民が右のような発言をしていたとは考えられないであろう――この本になってはじめて二人が言葉にして表現したために、南海先生がそれを「過慮」だとして否定しなければならなくなったのである。

もしこのように考えないとすると、一八八〇年代の初め以後に、アジアにたいする欧州列強の圧力に、質的な変化が起こったと想定することが必要となる。確かに一八八四年の清仏戦争などは、欧州列強の矛先が以前にも増して日本に迫ってきたものとして、激しい衝撃を与えた。しかし欧州列強の圧力が、それまでと質的に変化したとは考えられないだろう。

南海先生にもどると、南海先生はこのあとで右の「過慮」という批判と関連して、豪傑君の侵略策のかわりに、中国にたいしてどのような態度を取るべきかということについて述べている。風俗や文物や地勢からいって小国である日本は、中国にたいし友好関係を篤くしていくべきである。経済からいっても、土地が広く人口が多い中国とは、親密な関係を保っていくことが必要である。これらの点を考えずに、いたずらに対立をいいふらすのは間違っている。

論者のなかには、中国は久しく日本に恨みを抱いているから、機会があれば欧州列強と手を結んで日本をやっつけようとするだろうという人がいる。しかし自分はそのようには考えない。国と国とが相互に恨みを持つようになるのは、実情に基づくというよりは、虚勢に基づく場合が多い。国と国とが戦争をはじめるのも、相互に他を「神経病」的な目で眺める場合が多い。

また論者のなかには、清国は大国ではあるがすでに末期的な情勢にあるから、誰かが革命を起こさなければ土崩瓦解してしまうという人もある。確かに清王朝は、これまでの王朝の例からいうと、すでに崩壊期に近づいているようである。しかし、現在、政府の中枢を占めているのは優れた人たちである。西洋文明を導入して富強をはかっているから、簡単に侮ることはできない。

要するに外交政策は、世界いずれの国とも友好関係を保ち、人民がいたずらに他国にたいし「神経病」に陥らないようにすることが重要である。また、軍備は防衛を主として、いたずらに人民の懐を痛めないようにすることが必要である。

南海先生は中国などにたいして、日本がとるべき外交方針をほぼこのように述べている。これはすぐあとで述べる国政についての当面の基本方針に沿ったものであって、さしあたりはこのような方針でやっていく以外にないといっているのであろう。

いいかえるならば、朝鮮をいずれが勢力下におくかをめぐって、日清が鋭く対立するという状況が十数年以上も続いているだけではなくて、清国にいつ革命が起こるかもわからないという状況のもとで、いつまで続けることができるか確信が持てないままに、このような対中国策を述べていたものと思われる。

これを聞いた紳士君と豪傑君がこもごもに、南海先生の説は茫洋としてとらえどころがないし、我々二人の説を少しも採用しようとしない、どうかはっきりと意見をいってほしいというのに答えて、南海先生は自己が考える国政についての当面の基本方針を改めて次のようにまとめている。外交についての発言が少ないのは、すぐ前ですでに述べたからであろう。

「ただ、立憲の制を設け、上は皇上の尊栄を張り、下は万民の福祉を増し、上下両議院をおき、上院議士は貴族をもってこれにあてて世々相承けしめ、下院議士は選挙法を用いてこれを取る、これのみ。もしそれ詳細の規条は、訪米諸国現行の憲法について、その取るべきを取らんのみ。是《こ》は即ち一時談論のにわかに言い尽くすところにあらざるなり。外交の旨趣にいたりては、務めて好和を主とし、国体を毀損するに至らざるよりは、決して威を張り武を宣ぶることをなすことなく、言論、出版、諸種の規条は、漸次にこれをゆるや

かにし、教育の務め、工商の業は漸次にこれを張る、等なり」（二〇五ページ）

これは紳士君と豪傑君がいうように、陳腐な意見かもしれない。現在でも、こんな意見が本書の結論であるはずがない、という批判が広く存在する。しかしこれが、やはり南海先生の結論、否、本書全体を通じての、著者中江兆民の結論であろう。

これは何を意味しているのであろうか。政治においては、現状において可能なごく当たり前のことを当たり前にするようにやっていくしかない、といっているのであろう。このようにいうと、そんな当たり前のことをいうために、長々と本書を書く必要があったのかという人があるかもしれない。しかし陳腐の通念を通念として繰り返すのではなくて、あらゆる可能性を考え抜いた末の結論である――こういって過言でないと思うが――という点で意味がある。

また、当たり前のことを当たり前にするというと、笑う人がいるかもしれないが、政治において当たり前のことを当たり前のこととして現実化することが、いかに難しいかということは、現在の日本の状況を少しでも振り返れば簡単にわかることであろう。兆民自身も、当たり前のことを当たり前にすることが、容易だと思っていたわけでは決してない。そうではないからこそ本書を書き、紳士君や豪傑君を登場させ、いろいろと思考をめぐらさざるを得なかったわけである。

しかし、当たり前のことを当たり前にやるしか仕方がないという結論は、言葉で表現すると陳腐な印象を与えることは確かである。そうだとすると、兆民にとって残されている一つの道は、できるかどうかはわからないが自らを政治的な実践に賭け、当たり前のことを当たり前にするように努力することである。これが陳腐な言葉を陳腐でなくする、唯一の道であるからである。

本書を書くしばらく前から、中江兆民が政治的な実践の場へ飛び込んでいくのはそのためである。『三酔人経綸問答』は、兆民にとって、自らが政治的な実践の場に飛び込むほかないということを確認するための書という意味を持ったように考えられる。

本書は「二客ついにまた来たらず。あるいはいう、洋学紳士は去りて北米に遊び、豪傑の客は上海に遊べりと。しこうして南海先生は依然としてただ酒を飲むのみ」（二〇六ページ）という有名な言葉をもって終わっている。この言葉は、従来いろいろな観点にたって解釈されてきたようであるが、兆民個人に即して考えると、自らの内に存在する紳士君的な要素と豪傑君的な要素を背後に押しやり、あえて南海先生的な立場にたとうとする兆民の姿勢を現しており、「南海先生は依然としてただ酒を飲むのみ」という最後の一句は、すでに決断を下したのちの、心の平静さを現しているのではなかろうか。

おわりに

このようにして実践的な政治活動に飛び込んだ兆民は、よく知られているようにこの本を出版してから四年数か月後の一八九二年になると、政治の世界に絶望して韜晦することになる。その当時に北村透谷は、そうした中江兆民を取りあげて、まだ「哲学者」(現在の言葉では思想家といってよいだろう)として活動する余地があるにもかかわらず、韜晦するのは卑怯であると批判している。

井上清も、前にあげた「兆民と自由民権運動」という論文のなかで、透谷のこの批判を紹介しながら、同様の批判をおこなっている。兆民が実践の世界へ飛び込んだことを褒め称えていた井上が、一転、兆民が韜晦したことをこのように批判していることは、批判の基準は首尾一貫しているけれども、私にはたいへん酷な批判のように思われる。当時の日本の政治的な状況を考え、また兆民の人柄を思うと、兆民が実践に飛び込んだときに、すでに賽は投げられており、それからあとはむしろ一直線の道程――もちろん人生に一直線の道程などはないが――のように考えられるからである。

このようにいうと、お前は兆民が政治的な実践の世界に飛び込んだことを、どう思うかという反問が返ってくるであろう。私としては今、言葉によってとやかくいう気には、どうしてもなれない。兆民が政治的な実践に飛び込んだのは兆民の生き方であり、私は私なりの生き方を通じて、そうした兆民に、絶えず答え続けていきたいと考える。

Ⅲ　蘇峰の平民主義と羯南の国民主義

はじめに

一八八〇年代の半ばころになると、人々の関心が次第に「国家」ないし「政治」から離れて、社会や文化のさまざまな面に向けられるようになる。それにつれて、一方では国家機構や産業だけではなくて、社会や文化のあらゆる面で西洋化を推進していこうとする「欧化主義」が出現する。西洋の文物制度を導入することを通じて、日本の改革を実現しようとする動向は、明治維新の以前からはじまっていたにもかかわらず、この時点になって初めて欧化主義という言葉が現われるのは、社会や文化の全面にわたって西洋化を推進しようとする動向が出現したことと関係がある。

この時期になって欧化主義が展開することには、さまざまな事情が背景になっている。その一つは、自由民権運動が崩壊し政治の改革が行き詰まったために、それまで政治の改革に従事していた人々が、社会の改革に目を向けたり、文学や宗教の世界に新しい活動の天地を求めたりするようになったことである。

その二は、幕末・維新から二十年前後の歳月が経過したために、西洋化の波が次第に広がり、富国強兵と直接に結びついた国家機構や産業という面だけではなくて、社会や文化のさまざまな面にまであふれだしてきたということである。

その三は、明治政府が条約改正を実現するための方策として、いわゆる欧化政策をとり、鹿鳴館（一八八三年一一月開館）に象徴されるような形で、社会の制度や風俗慣習を西洋風にしようとしはじめたことである。

こうした事情が重なったために、この時期になると社会制度や風俗慣習だけではなくて、文芸さらには宗教にまで西洋化を徹底していこうとする動向が現れ、かなの会やローマ字会が作られたり、「社交改良」や「演劇改良」から、果ては「人種改良（栄養を良くすることによって体格を改良することをいう）」までが叫ばれたりするようになった。

欧化主義が展開すると、他方では、それに対抗して「国粋主義」が勃興する。いうまでもなく、西洋化にたいする非難攻撃は幕末維新から常に存在してきたが、それらは伝統のなかに生きている人々が、西洋化にたいしておこなう直接的な反動とでもいうべきものであった。ところがこの時期になると、維新後の文明開化の洗礼を受けた人々の間から、西洋化にたいして批判が現れ、社会や文化の伝統を見直し、保守するべき伝統を擁護しようとする動向が展開する。「国粋」とは、この保守するべき伝統をさす。

「国粋主義」という言葉を最初に打ちだしたのは、一八八八年四月に創刊された『日本人』であるが、この雑誌を発行していた政教社の当初の同人十二人は、すべてが東京大学か札幌農学校の卒業生であり、なかにはヨーロッパへ留学した経験のある人もいた。つまり、その当時において最高の学歴を持つ人々が国粋主義を唱えたことになる。

この時期に国粋主義が勃興することには、いろいろな事情が背景となっていた。その一つは、社会や文化の全面にわたって西洋化を推進しようとする欧化主義が展開しはじめたことが、それにたいする対抗として国粋主義を興隆させるということである。国粋主義が、もともと政治や経済よりも、社会や文化の面で伝統を擁護しようとする傾向が強いのはこのためである。

第二は、幕末・維新より二十年前後の歳月が経過したために、その間に西洋から導入された政治や産業の制度や組織が、否定面ないし暗黒面を露呈するようになったということである。たとえば「官」が繁栄する一方で「民」が疲弊するとか、鉱山や工場で働く労役者の苛酷な労働条件といった事情がそれである。

第三は、一八八一年一〇月の政変の前後から、明治政府が自由民権運動を抑圧するために、天皇を頂く日本の国家体制の、独自性と永久性を説く国体論を展開しはじめたことである。これによって、歴史的に形成された国民的な特性という観念が、著しく強化されたことは間違いない。

このような事情が結びついた結果として、この時期になると、政治や社会や文化の全面にわたって日本の伝統を見直し、保守するべき伝統を擁護していこうとする国粋主義が展開しはじめる。欧化、西洋化に批判的な思潮が一つの思潮として成立するのは、明治維新以後、これが初めてのことであったといってよいだろう。

欧化主義と国粋主義とは、相互に鋭く敵対していた。しかし国粋主義は、もともと西洋化に一定の歯止めをかけようとするものであって、それを全面的に否定しようとするものではなかった。この点は「採長補短」という言葉が、その当時の国粋主義の標語となっていたことを知れば容易に理解できるであろう。

この一方において、欧化主義は、真空状態のもとへ西洋の文物制度を導入しようとしたのではなくて、一定の伝統が存在している状況のもとへ西洋の文物制度を導入しようとしたものであるから、日本の伝統とそれなりにさまざまな関係を持っていた。つまり、欧化主義と国粋主義は、相互に鋭く敵対しながらも重なる面があったということである。

イデオロギー的にいうと、欧化主義には、国体論およびそれと不可分に結びついた家族主義に対立する面が含まれていた。しかし、国体論や家族主義、特に国体論を公然と批判したものは比較的に稀であった。

この一方、国粋主義は、政府が打ちだした国体論を、ほぼ例外なく支持していた。しかし第一次大戦後とは異なって、国粋主義と国体論との結びつきは、まだそれほど固定的、一義的ではなかった。この時期の国粋主義は、富国強兵を実現するために必要な改革については、むしろ積極的であったといってよいだろう。

徳富蘇峰と民友社の平民主義が、この時期の欧化主義のなかで、もっとも精彩のある社会政治論を打ちだしたものであったとするならば、陸羯南と『日本』新聞の国民主義は、この時期の国粋主義のなかで、もっともまとまった政治社会論を展開したものといってよいだろう。以下では、紙数の関係で、代表者である蘇峰と羯南に限定して話を進めることを断っておきたい。

第一節　蘇峰の平民主義

出世作『将来之日本』において、徳富蘇峰（本名は猪一郎、一八六三―一九五七年）は「茅屋に住する人民」の安寧と自由と幸福を擁護することを標榜して「平民主義」を唱えた。自由民権運動が崩壊した以後の蘇峰の思想的な立場を平民主義と呼ぶのは、自称であるというよりもむしろ他称であるが、それはこの本によって確立したとみてよいだろう。

この「平民」という言葉は、一面では自由民権派の「士族」性に対立すると同時に、他面では、明治政府の欧化政策の「貴族」性に対立するという意味を持っていた。民権派の「士族」性とは、自由民権の理論とは両立しないような「封建的」な行動様式とか、アジア大陸にたいする武力的な雄飛論をいう。このうちの後者は、自由民権運動の崩壊期に士族民権派に広く現れたものである。

また政府の欧化政策とは、条約改正を実現するための手段として、社会の制度や風俗慣習を西洋化しようとした政策であり、その貴族性とは、鹿鳴館に象徴されるような傾向を指す。逆にいうとこの対立は、平民の立場にたって平民の日常に役立つような欧化、西洋化を推進するということを意味している。

しかし、平民主義の初期に蘇峰がもっとも激しく敵対したのは、国粋主義の主張であった。『国民之友』にそれを批判した「保守的反動の大勢」(八七年一〇月)、「新保守党」(八七年一一月)、「明治年間の鎖国論」(八九年二月)という社説が多いことは、そのことを示している。そのなかにでてくる「保守的反動」とか「鎖国論」という言葉には蘇峰の批判が何に力点をおいていたかということが現れている。

自由民権運動が盛んであった一八八〇年代の前半には熊本にいた青年時代の蘇峰は、民権の結社、相愛社に加盟して熱心な活動家として活躍していた。この時期に、すでに文筆活動をはじめており、相愛社の機関誌の発行に従事したほか、東京などの新聞や雑誌に寄稿したり、小冊子を自費出版したりしていた。また、自宅に大江義塾を開設し、近隣の青年の教育をおこなっていた。

一八八五年六月に自費出版した『第十九世紀日本之青年及其教育』では、キリスト教という精神文明の根底から西洋の文明を導入し、「知徳一致」の教育を実行することを通じて、「わが邦知識世界第二の革命」を実現することを説いている。このように、青年教育の問題を真正面から取りあげているのは、自由民権運動が崩壊したために政治運動を継続することが難しくなったからである。

ところが、この本では「第十九世紀宇内文明の大気運」を明るく描き、それが日本にも波及してくると強調することによって、青年にたいし、明治政府を改革する運動を継続していくことを訴えている。まだ平民主義という言葉を使っていないけれども、蘇峰の平民主義はこの本にはじまるとみてよいだろう。

一八八六年一〇月に東京で出版した『将来之日本』になると、「世界の大勢」は「武備主義」が支配する「貴族社会」から、「生産主義」が支配する「平民社会」へ展開しているので、将来の日本は平和で生産的な平民主義の国家となるであろうし、またそのようにして初めて将来の日本の発展が実現すると論じている。

この本が高い評価を受けたことに自信を得た蘇峰は、熊本の家をたたみ、妻と両親を連れて上京し、翌一八八七年二月に民友社を興し、月刊『国民之友』を創刊した。蘇峰が数え年二十五歳の時のことである。「政治社会経済及文学の評論」と謳ったこの雑誌は、爆発的ともいうべき売れ行きを示したために、同年一〇月からは月二回の発行となり、さらに一八八九年一月からは月三回の発行となった。

半月刊となった直後から、その発行部数は一万部以上となった。一八八八年四月に発刊した国粋主義の雑誌『日本人』の当初の発行部数が、五百ないし六百部であり、すぐあとで述べる『国民新聞』の初期の発行部数が七千部であったというから、その売れ行きがいかに異常であったかということがわかるだろう。

引き続いて一八九〇年二月に、蘇峰は『国民新聞』を発刊する。こうして徳富蘇峰と平民主義の名は、雑誌と新聞を通じて急速に全国に広がっていった。しかし、平民主義の時期つまり日清戦争の開始以前の時期には、思想伝達の手段として、『国民新聞』は『国民之友』と比較すると、ごくわずかな役割しか果たしていなかったとみてよいだろう。

蘇峰の平民主義は「世界の大勢」についての一定の理解と、それへの寄りかかりを基本的な特徴としていた。「世界の大勢」とは、世界史の発展法則である。世界の歴史は、「武備機関」が優越した貴族社会から、「生産機関」が発達した平民社会へ、「武備主義」が支配する不平等で不自由な貴族社会から、「生産主義」が支配する平等で自由な平民社会へ発展している。ヨーロッパでは、すでに数世紀前から平民社会が展開しはじめたが、まだ貴族社会の遺制が存続している。しかし一九世紀の後期は、平民主義が決定的な勝利を収める転機である。それと共に国際社会においては、軍事力がものをいう弱肉強食の「腕力世界」は終わりを告げ、貿易を通じて互恵的な国際関係が実現する「平和世界」が到来するはずである。一九世紀後期の国際情勢のもとでは腕力主義が「頂上」に達しているが、これはそれがまさに崩壊しようとする前兆である。

『将来之日本』は世界史の発展についてこのように述べているが、そうした蘇峰の見解は、一九世紀半ばの英国で流通していたハーバート・スペンサーの社会進化論と、リチャード・コブデンやジョン・ブライトらのマンチェスター主義から、大きな影響を受けていた。

スペンサーは、『社会学原理』（一八七六―九六年）で、社会は軍事が支配し社会組織が強制的統制によって構成された「軍事型社会」〈Militant Type Of Society〉から、産業が中心になり社会組織が自発的共同によって構成された「産業型社会」〈Industrial Type Of Society〉へ進化するという社会進化論を説いていた。蘇峰が平民主義を唱えはじめた当時には、この本の第二・三巻は未刊であったが、世界史の発展についての蘇峰の見方は、スペンサーの理論からもっとも強い影響を受けたものとみてよいだろう。

ただ、「貴族社会」から「平民社会」への発展という用語は、田口卯吉から示唆を得たものと思われる。一八八五年に出版した『日本開化之性質』において田口は、開化には生産に従事しない貴族が推進する「貴族的開化」と、生産に従事する平民が推し進める「平民的開化」という二つの類型があるが、徳川時代までの日本の開化は貴族的開化であったと批判していた。蘇峰は、貴族社会から平民社会へという用語の方が、スペンサーの用語よりも一般的であると考えたのであろう。

また、コブデンやブライトらマンチェスター派は、重商主義的な保護貿易を否定して自由貿易を推進すると同時に、戦争と領土拡張に反対する主張を展開していた。「茅屋に住する人民」のために尽力するという態度や戦争に反対する信念を、蘇峰はコブデンやブライトから学んだとみて間違いないだろう。

現実の国家についていうと、蘇峰は明らかに英国をモデルとみていた。英国では、一七世紀のピューリタン革命から平民主義が典型的な形で展開してきたが、これはジェントリを担い手として産業がいち早く発展してきたからである、と蘇峰はみていた。

一九世紀後半の米国にたいしても、蘇峰は強い期待を抱いていた。太平洋の対岸にあるこの共和国が、植民地を持たない「平和国家」でありながら、産業化によって世界第一流の富国になろうとしていたことは、平民主義の将来にたいする確固とした保証にほかならないと蘇峰は考えていた。

こうして「世界の大勢」とは、貴族社会から平民社会へという歴史の発展法則である、それは日本にも妥当するから、日本の将来の発展は、それに順応して初めて実現することになる。『国民之友』の初期の社説にでてくる次のような言葉には、「世界の大勢」を信じ、それに寄りかかろうとする蘇峰の態度がはっきりとでている。

「進歩の大法に順《したが》い、世界の大勢に順い、人民の需要に順い、我が邦をしてヨーロッパ風たらしむるは、実に我が邦百年の大計たるを信じ……」[註]（「新保守党」『国民之友』八七年一一月、以下では『国民之友』に掲載した論文については掲載誌名を省略する）

註　国民叢書第一巻『進歩乎退歩乎』に収録されたものでは、この中の「ヨーロッパ風」という言葉が「文明風」と直されている。本稿の一五五ページに紹介する「保守的反動の大勢」の中の「歩々泰西的平民主義」という言葉も、同書では「歩々進歩的平民主義」と直されている。私がみた『進歩乎退歩乎』は、一九〇一年刊行の第六版であるから、一八九一年発行の初版からそうなっていたかどうかはわからないが、気がついたので一言しておく。

「進歩の大法に順い、世界の大勢に順い、国民の需要に順い、第一九世紀の気運に乗じ、我が邦百年の大計をここに定めんと欲する吾人同志の人士においては……」(「明治年間の鎖国論」八九年三月)

近代日本の進歩主義では、ヨーロッパにおいてみられた歴史発展の動向ないし歴史発展の法則が日本にも妥当すると信じ、それに寄りかかろうとする傾向がたえず現れた。たとえば、大正デモクラシーの代表的な思想家である吉野作造が一九一六年一月に発表した、「憲政の本義を説いて其有終の美を済すの途を論ず」という有名な論文では、専制主義から民本主義へという歴史発展の動向という意味で「世界の大勢」という言葉が、まさに頻繁に使われると同時に、それに順応する必要があることが説かれていた。

昭和のマルクス主義では、「世界の大勢」という言葉よりも、歴史発展の法則とか、「世界史の基本法則」という言葉が好んで用いられたが、封建社会から資本主義社会を経て社会主義社会へという歴史発展の法則が日本にも妥当するから、それに従わなければならないと強調された。

蘇峰の平民主義は、近代日本の進歩主義に広くみられる、このような傾向の発端を拓いたものといってよいだろう。しかし、第一次大戦後に活躍する吉野作造（吉野の先の論文は、大戦中のものであるが）や、マルクス主義者の場合と比較すると、「世界の大勢」、とくに国際社会の将来にたいする蘇峰の理解は、楽観的すぎるように思われる。

よく知られているように、第一次大戦後になると植民地や従属国の独立の気運が世界的に昂まってくる。これに反して一九世紀の世界では、マンチェスター主義が興隆した英国においても、戦争と領土拡張は止むことはなかった。しかも、蘇峰が言論活動をはじめる直前の一八八〇年代に入ると、マンチェスター主義は凋落し、その「小英国主義」（〈Little Englandism〉）に代わって、「帝国主義」（〈Imperialism〉）が興隆してきた。そのような時期に蘇峰は、軍事力がものをいう弱肉強食の「腕力世界」はやがて消滅し、それに代わって各国が貿易を通じて互恵の関係を結ぶ「平和世界」が到来すると説いていたのである。

日本社会の歴史的な発展動向についての見方も、楽観的すぎるといってよいだろう。一八八八年二月から四月にかけて、五回にわたって連載した「隠密なる政治上の変遷」で、蘇峰は、地主豪農層と元からの商工業者とによって新しい「中等民族」が形成されようとしているが、この階層こそ士族に代わって日本の政治的な中核勢力となると論じている。

この展望の確信となっていたのは、英国においてジェントリが産業化を推進したように、日本では日本の「田舎紳士」である地主豪農層が、「生活と教育の刺激」（第二回の題名）を受けて「経営起業の民」に転化し、ある程度の自立性を備えた中等階級になるという見通しであった。幕末から、西洋のできあがった産業制度を個別的に導入することを通じて、政府が富国強兵を推進してきた日本では、このように「下から」の産業化、資本主義化という展望が打ちだされたのは初めてのことであった。

蘇峰の平民主義はこのような展望を基礎としていたと考えられるが、それが打ちだされた時期には、いわゆる農民層の階層分化が進行し、地主豪農層の一部は手作りを止めて寄生地主化し、ほかの多くは没落していこうとしていたから、蘇峰の展望が実現する可能性は、はじめからなかったように思われる。

「世界の大勢」についての蘇峰の理解が楽観的すぎることは、平民主義の成立の事情を振り返れば容易に納得できるだろう。平民主義は、自由民権運動が崩壊したという厳しい政治的現実のもとで、明治政府を改革する運動を継続していくために「世界の大勢」を明るく描き、それが日本にも波及してくることを期待したところに生まれたものだからである。

このような「世界の大勢」への寄りかかりは、一八八四年一月に自費出版した『明治廿《二十》三年後の政治家の資格を論ず』にはまったくでていなかったにもかかわらず、一八八五年六月に出版した『第十九世紀日本之青年及其教育』になって強くでてくることについては、別稿で述べたのでここでは繰り返さないことにする（『徳富蘇峰論』第二章第一節参照）。

このために蘇峰の個々の発言には、「世界の大勢」についての甘い希望的な観測を基礎とした見解のなかに、それとは異なる厳しい現実の情勢を基礎とした見解が絶えず混入して現れることになる。ここでは『国民之友』の初期の社説から二つの例を紹介しておくことにしよう。

第一は、一八八七年一〇月に発表した「保守的反動の大勢」の一部である。

「吾人は一つの命運を有す。即ちもし我が邦をして文明世界優勝劣敗の戦場に生存せしめんと欲せば、他に妙計なし、ただ我が邦をして優者の列に加入せしむるにあるのみ。然らば則ち如何にして優者に列するを得るか。ただ平民社会自然の需用より生じ来る現象をして、自然の発達を遂げしむるにあるのみ。詳に之を言へば、我が人為貴族社会の構造をして、漸次に平民社会の組織となし、我が政治、文学、商業、製造、社交、宗教、風俗等をして、歩々泰西的平民主義の現象たらしむるにあるのみ」

この論文では、日本を発展させようとするならば、「貴族社会の構造」を変革して「平民社会の組織」にしていかなければならないと説かれている。その限りでは、平民主義の立場がでているといってよいかもしれない。しかしこの論文では、文明世界は優勝劣敗の戦場とされ、この戦場において日本を優者の列に加える必要が説かれている。この意味では、転向後の考えと何の違いもないといってよいだろう。

第二は、一八九〇年六月に掲載した「日本人種の新故郷」の一部である。

「世界将来の問題を察するに、人種のこともっとも関心するに堪えたり。今日は最早、武力を持って天下を征服するの時にあらず。人類をもって世界を併呑するの時なり」「吾人はただすべからく国家百年の大策として、わが年々増殖する人口を利用し、これをもってわが帝国以外の版図を世界に求め、我邦の根脚を、深く政治的経線外に蔓延せしめんことを望まざるべからざるなり」

この論文では、軍事力による領土の拡張は否定されている。その意味では、平民主義の立場が最小限の範囲で守られているといってよいかもしれない。しかし、中国人に倣って日本人を積極的に海外へ移住させ、日本人種の勢力を国境線外に拡張することが熱心に主張されている。この意味では、転向後の国家膨張主義の思想が、すでにはっきりとでているといってよいだろう。

このようにみてくると、甘い希望的な観測に立つ蘇峰の平民主義がなぜあのように大きな人気を得たのか、『国民之友』はなぜ爆発的ともいうべき勢いで読まれたのかということを、逆に疑問に思う人がいるだろう。しかし世の中のことは、それほど単純明快に割り切ってみることはできない。現在から振り返ると、マンチェスター主義は一八八〇年代の前半に衰退した。しかし同時代の人々は、少なくともしばらくの間は、次のように考えることもできたはずである。マンチェスター主義の衰退は一時的なことにすぎず、やがてはそれが全面的に勝利するであろう、と。

また日本のキリスト教界の一部には、世界の将来について、かなり明るい展望があったことも確かである。熊本バンド（初期のクリスチャンのなかで熊本幼学校をでて同志社で学んだ一団の人々をさす）の先輩で、この当時にも蘇峰と親密な関係にあった小崎弘道が、『将来之日本』の数か月前に出版した『政教新論』のなかには、次のような文章がある。

「基督教の教化未だ天下に普ねからず、文明諸国においてもなほ干戈を弄ぶ者多し……世界太平の日来たるなお遠かるべしといえども、この世界ついに変じて天国となるや疑う可らず……今や欧米の諸国も日に月に開明に進み、基督教の教化はますます社会に普ねくなり、旧習を改め弊風を去り百事改良を加へいよいよ

文明の高点に進まんとす……天国の来るなお未だしといえども、これが来るべき休徴充分に現わる」（第十四章）

この文章は、牧師が宗教について論じたものであり、かなり長い展望に立っている。したがって政論記者である蘇峰の発言と、単純に比較してみることはできない。しかし日本のキリスト教界の一部に、世界の将来にたいしてこのように明るい展望があったことは、忘れてはならないであろう。

蘇峰の平民主義は、「世界の大勢」について甘い希望的な観測の上に成り立っていた点に、その根本的な問題点があった。しかも、歴史の発展にたいする蘇峰のとらえ方には、注目するべきいくつかの傾向が認められるが、それが平民主義の思想の具体的なあり方を規定していたように考えられる。

その一つは、素朴な経済史観の傾向が強いことである。『将来之日本』のなかで、国際社会の将来について明るい展望を打ちだした個所には、次のような意味の言葉がある。「武備機関」の発達は、「生産機関」の発達の結果であり、また「生産機関」の発達の原因である。ところが「生産機関」の発達は、「生産主義」を発展させることによって、「武備主義」と「武備機関」を衰退させる、と（第五回）。

もし「武備機関」の発達、軍備の増強が、国民的な規模における産業の発達をもたらすならば、このような論理は成り立つかもしれない。しかし、軍備の増強は「武備主義」を発展させることはあっても、それを衰退させることなどあり得ないであろう。

蘇峰自身も、明治政府が現におこなっている強兵富国にたいしては、国民的な規模における産業の発展を阻害するとして、一貫して鋭く批判していた。この点は、平民主義の時期の蘇峰の社会政治論のなかで、もっとも重要な点の一つであった。

『将来之日本』でも、自由民権運動の崩壊期に士族民権派に現われたアジア大陸にたいする武力的な雄飛論を批判した個所には、次のような言葉がある。「それ外戦ひとたび開かば、政府の権力いよいよ増大ならざるを得ず。政府の権力いよいよ増大なるときは、一己人民の権力いよいよ減少せざるを得ず。武備機関いよいよ膨脹するときには、生産機関はいよいよ収縮せざるを得ず。常備軍の威勢飛んで天を圧する時は、人民の権利舞いて地に墜つるの時なりといわざるを得ず」(第十五回)。

にもかかわらず、一般的に社会の歴史的な発展をとらえる場合には、蘇峰は産業の質ないし社会の政治的および経済的な構造を抜きにして産業をとらえ、産業さえ発達するならば社会は政治的にも経済的にも良い方向に変化していく、と論じていた。

蘇峰の態度に、現実の歴史の流れに押し流されるような傾向が絶えず現われるのは、この素朴な経済史観と関係がある。「隠密なる政治上の変遷」の第一回「士族の最期」のなかには、士族民権派について次のような批判がある。

「すなわち渠輩が天下のために奔走するは身に直接の利害無くして、多くは他人のために代言するに過ぎず、自からは一升の酒も造らずして、酒税軽減の建白に奔走し、自からは掌代〔代は田の小面積をいう〕の田園も有せずして、地租軽減の請願に従事し、自からは国会議員の資格なきに、国会の事を喋々し、かくの如く吾が身に切ならざる事に盡力するは、誠に他人のために身を致し同胞を愛し、天下を愛する者なれば、敬服するの外なしといえども、これがために平和の運動も、ややもすれば粗暴となり、秩序の事業もややもすれば、不都合となり、一定の主義もややもすれば自家撞着となり、人をして自由論の価値を減ぜしむるの憂いを懐かしめたる事もまた少なからずとす」

士族民権派にたいするこの批判は、数年前まで手を携えて共に明治政府と戦ってきた士族民権派（相愛社は士族民権の結社であったといってよい）が没落したことを、歴史の必然として追認したことにほかならない。

自由民権の理想を堅持していた中江兆民は、この論文が発表されるやいなや、直ちに筆をとって次のように論じた（「月旦国民之友第十五号」『東雲新聞』八八年二月八日）。『国民之友』第十五号の発行は二月五日であるから、大阪に住んでいた兆民は、それを受けとると間髪を入れずにこの批評を書いたことがわかる。

「有名無形の進化神に一任して己はただ静恬《せいてん》なる傍観者の地に立つの故にあらずや。進化神は吾人の脳中に宿するにあらずや」

その当時に、個人的には蘇峰ときわめて親密な関係にあった兆民は（蘇峰から借金をするような間柄であった）、若い蘇峰が現実の歴史の流れに押し流されていくのを、黙ってみていることができなかったのであろう。

第二は、素朴な経済史観と表裏の関係で結びついていたのは、熱烈な道徳主義、精神主義であり、この道徳主義が、政治的・社会的な現実にたいする蘇峰の認識にも、はっきりとした影響を与えていたということである。

よく知られているように、蘇峰は熊本幼学校の生徒であった少年時代にキリスト教信仰の誓約に加わり、同志社在学中に一度は正式にキリスト教の洗礼を受けていた。教会からは、その後間もなく離脱したが、青年時代の蘇峰は、キリスト教界とは親密な関係を保っており、『国民之友』は「キリスト教主義[註]」を旗印の一つにしていた。

　註　この「キリスト教主義」という言葉は、私には奇妙な言葉であり、気になる言葉であるが、まだその起源を突き止めることができずにいる。しかし青年時代の蘇峰は、よくこの言葉を使っていた。この言葉は敗戦後にも、たとえば「本学はキリスト教主義に基づき」というような形で広く用いられていた。

平民主義の時期の蘇峰は、この立場にたって独立、自治、自尊、勤勉忍耐とか、職分労作といった「個人的道徳」ないし「平民の道徳」を説いただけではなくて、家族や男女関係の道徳を改革することに熱心に取り組んだ。この点は、平民主義が新鮮なイズムとして歓迎される重要な根拠となっていた。

そうした蘇峰の発言を細かくみていくと、キリスト教はピューリタンに焦点をおいてとらえられ、ピューリタンに広くみられるような真面目で勤勉な道徳として受け入れられていたといってよいだろう。自由民権期の蘇峰は、ピューリタン革命と結びつけて、ピューリタンを高く評価していたから、ピューリタンの評価という点では変わらないけれども、その受け入れ方はやや変化したことが分かる。

この勤勉な真面目主義は、もともと日本の庶民の道徳を構成していたから、平民主義の時期の蘇峰では、キリスト教は庶民の勤勉主義を基礎として受け入れられ、逆に庶民の勤勉主義は、ピューリタンによって一定の思想的な修飾を加えられたと考えられる。蘇峰が平民の道徳として、職分や労作の観念を強調していたことは、この関連を示しているといってよいだろう。

この職分や労作の観念は、個人が労働にはげむならば、個人の生活の向上と幸福がもたらされるだけではなくて、一種の予定調和の観念を暗黙の前提とした上で、社会全体の経済的な繁栄と発展が実現するという形で、その素朴な経済史観と表裏の関係で結びついていた。

ただ蘇峰においては、「社会の元気はあたかもその社会に適応するものにして、社会によりて相同じからず」「社会すでに平民的となれば、元気もまた平民的とならざるべからず」というように、個人の道徳、平民の道徳は「社会の必要」によって基礎づけられるために（「国民の元気と強化の標準」九三年四月）必ずしも内面化されず、社会のあり方が変化すると、別の道徳が必要であるとされることになる。

しかし、真面目で勤勉な生活態度を尊重するだけではなくて、精神のありかたを重要視する精神主義という点では、蘇峰は転向の前後を通じて変わらなかったように思われる。その精神主義は、吉田松陰にたいする関心を媒介として（『吉田松陰』九三年一二月刊）、キリスト教的な精神主義を、国体論的な精神主義に転換させたといってよいだろう。また、転向後の蘇峰が五十年という長期間にわたって、大日本帝国イデオロギーの代表的な思想家という地位を維持し続けたことも、この真面目な勤勉主義と関係があるとみて間違いないであろう。

しかしここで注意しておきたいことは、そうした精神主義、道徳主義は、歴史的・社会的な現実にたいする蘇峰の認識にも影響を与え、それを曇らせていたということである。一八九二年一一月に、蘇峰は「中等階級の堕落」という有名な社説を発表している。この論文は、地主豪農層を担い手とする「下から」の産業化という展望が、その寄生地主化によって完全に崩壊したことを、蘇峰自身が自覚したことを示す点で重要である。

ところがこの論文では、地主豪農層が手作りをやめて寄生地主化した経済的・社会的な原因はなんら問題とされておらず、「中等階級の堕落」という題名が示すように、「田舎紳士」の「驕奢、放縦、淫蕩、文弱、腐敗」が、その寄生地主化の原因であるとして、もっぱら道徳的に糾弾されている。蘇峰の歴史的・現実的な思考の弱さが端的にでているといってよいだろう。

第三は、貴族社会の諸要素と平民社会の諸要素を、それぞれ相互に固定的に結びついているととらえることによって、歴史的に継起する貴族社会と平民社会とを、二分法的に厳しく対置する傾向である。やや長くなるが、まず実例を紹介しておこう。

「武備機関の発達したるの邦国においては政権はただ少数人の手に専有し、生産機関の発達したるの邦国においては、政権は多数人民の手に分配し、一方においては人民は国家のために生じたるものとなし、一方においては国家は人民のために生じたるものとなし……彼の結合は強迫の結合なり。いかなる位地においても軍隊組織の精神をもって社会を組織すべし。此の結合は自由の結合なり。いかなる位地においても経済世界の法則をもって社会を結合すべし。彼れの社会を組織するはただ主人と奴隷との二者あるのみ。此の社会を組織するものはただ同胞兄弟あるのみ。彼の富の分配は人為の分配にして労者つねに泣き逸者つねに笑う。此れは自然の分配にして人々ただその過去に下したるの種をば現今に収穫する者なり……彼の威権はただ命令あるのみ。此の威権はただ契約あるのみ。彼は人民を犠牲として一国の体面を保つにあり。此は人民に幸福を与えんがために国家の体面を保つにあり……彼の政略はただ他国を盗むか、しからざれば他国より盗まれざらんとするの一点に存し、此の政略はただ自国の独立を保ち平和をもって交際するにあり。彼の法則はただ暴逆なり。此の法則はただ正義なり。彼の主義は威力これ権理なり。此れの主義は権理すなわち威力なり。これを要するに武備機関の発達したる社会はただ不平等主義の支配するところなり。生産機関の発達したる社会はただ平等主義の支配するところなり。ゆえに武備社会の現象はことごとく貴族的の現象なり。生産社会の現象はことごとく平民的の現象なり」(『将来之日本』第二回)

蘇峰においては、このように貴族社会の諸要素と平民社会の諸要素を、二分法的に厳しく対置するだけで、現実において両者がどのように構造的に結びついて存在しているかという視点がないために、その思考方法は、伝統的な善玉・悪玉の論理を思い起こさせる。それは善玉・悪玉の論理が歴史の発展段階論と結びついたものであり、貴族社会は過去に属する悪玉であり平民社会は将来に属する善玉であるとしているといってよいだろう。

こうした蘇峰においては、徳川時代の社会は典型的な貴族社会ととらえられる。また明治時代の社会は、残存する貴族社会の諸要素と勃興する平民社会の諸要素とが、対立抗争する舞台ととらえられる。一九世紀のヨーロッパの社会の場合には、新旧両要素の比重が日本の場合とは異なるけれども、新旧両要素の対立抗争の舞台とされる点では、日本の場合と何の違いもなかった。

また、過去に属する貴族社会と将来に属する平民社会、過去に属する「腕力世界」と将来に属する「平和世界」だけではなくて、たとえば「旧日本」と「新日本」、「天保の老人」と「明治の青年」(明治半ばの日本では、政界や経済界でも、言論界でも、指導的な地位に就いていたのは、主として天保生まれの人たちであった)というように、さまざまな歴史的・社会的な現象が二分法的に厳しく対置される。

この傾向は、蘇峰の発言を単純明快にし、それに一種の急進主義の性格を帯びさせる。平民主義者蘇峰が人気を得た秘密の一つは、この点にあったとみて間違いない。しかし、それは蘇峰の現実的思考、政治的思考の弱さを示すものであり、その急進主義はみせかけだけのものに終わるほかなかった。蘇峰の歴史的な二分法の思考のもとでは、現実に存在するさまざまな政治的・社会的な要素が、過去に属する悪玉的なものと将来に属する善玉的なものとに二分して対置されるだけで、両者がどのように構造的に結びついて存在しているかということをとらえる視点がない。そのためにどこに衝くべき戦略的な要点があり、それにどのように働きかけていったらよいかということを示す、実践の理論、運動の理論がでてくる余地がないからである。

また、蘇峰の歴史的な二分法の思考のもとでは、現実にたいする盲目が不可避となる。過去に属する悪玉的な要素がいかに強力であり、将来に属する善玉的な要素がいかに微弱であると認識されるとしても、前者はやがて消滅するものであり、後者はやがて興隆するものであるとみるために、将来にたいしてオプティミスティックであることができるからである。

現実にたいするこの盲目は、現実によって仕返しを受けることになる。いわゆる蘇峰の転向がこの結果であり、それまで、いささかおめでたい「平和世界」の擁護者であった蘇峰は、転向後になると、居直りの「腕力世界」の擁護者として現われることになる。

平民主義が出現してからまだそれほど経たない時期に、ある論者は蘇峰を中国宋代の蘇老泉(本名は蘇洵、老泉は号である）になぞらえ、「空論横議、実際施設を少く処《か》、はなはだ肖《に》たり」という寸評を下していたという。この寸評は、蘇峰が一八九〇年三月に『国民之友』に掲載した「文学界の怪事」に引用されている。

蘇峰のこの論文は、その当時に流行していた、この種の類比的な寸評が、文学的に無意味であることを批判したものである。そのなかに引用されているものをみる限りでは、ほとんどが蘇峰のいうように無意味である。しかし右の蘇峰論は、見事であるといって良いように思われる。

二葉亭四迷とか、北村透谷といった優れた文学者が、平民主義の時期の蘇峰に一瞬引きつけられながらも、次の瞬間には離れていったことは有名な事実である。これには、蘇峰の人物とか、その他の事情も関係があるかもしれない。しかし蘇峰の思想が、表面的な華麗さにもかかわらず実際にはきわめて粗雑であったことが、その重要な原因となっていたのではなかろうか。

人物評論を得意とした明治の評論家、鳥谷部春汀は『明治評論』の一八九六年三月号に「三新聞記者」を発表し、そのなかで蘇峰について次のように批評している。この文章は、私の論文では触れることができなかった蘇峰の人物主義的、英雄崇拝的な傾向を指摘している点ではその補足となるが、蘇峰の現実的、政治的な思考の弱さを衝いている点では私の評価と変わりがないといってよいだろう。

「蘇峰は政論においてはるかに羯南と碌堂に及ばず。彼れは政治よりも政治家を貴び、事業よりも人物を重しとし、筋書よりも役者に注意す。故に彼れはしばしば没論理の文を舞わすにかかわらず、その内奥には英雄崇拝の鈴音鏘々《しょうしょう》鏘々たるを聞く。彼れは政治を以て歴史と為し、歴史を以て英雄伝と為す。彼れの政治を論ずるは、なお英雄の功名を談ずるが如く、その前提往々奇警のところありといえども、その決案はすなわち人の感情に訴う」

この「三新聞記者」は、その当時に中堅の新聞記者として活躍していた徳富蘇峰、陸羯南、および朝比奈碌堂（本名は知泉、『東京日日新聞』主筆）という三人を取りあげたものであるが、そのなかには「蘇峰は平等自由を理想として醇乎たる平民主義を執る。故にもっとも進歩したる思想を有す……蘇峰は到底民政の主張者たり」という言葉がある。蘇峰は、まだ平民主義者とみられているが、この言葉には、その当時の政治的・思想的な状況の一面を示す重要な意味が含まれているように思われる。

蘇峰自身が後に認めているように、蘇峰の思想は日清戦争の開戦を境として平民主義から国家膨張主義とでもいうべきものへ決定的に変化した。国家膨張主義とは、国家の生存と膨張を自然であると同時に当然であるとし、国家の勢力を対外的に拡張していこうとする思想をいう。ところが日清開戦を境として、世論そのものが蘇峰とほぼ同じ方向に変化したために、同時代の人々には、蘇峰の思想的な変化が、しばらくの間は認識されなかったということである。

一八九七年八月に、蘇峰が第二次松方内閣（松隈内閣）の内務省勅任参事官に就任した時になって、藩閥への屈伏として蘇峰の「変節」が非難されたのはこのためである（これには、蘇峰が一八九六年五月から翌年七月まで世界漫遊にでかけ、日本にはいなかったことが一因となっているかもしれない）。

しかも、やがて起こった政府内部の対立によって、大隈重信など進歩党系の大臣や政務官が一一月のはじめまでに辞職した後も、蘇峰がその地位にとどまったために、蘇峰にたいする非難攻撃はいっそう激烈になった。この結果、蘇峰が発行していた新聞と雑誌は売れ行きが激減した。そのため『国民新聞』だけを残して、『国民之友』などの雑誌は一八九八年八月限りで廃刊された。『国民之友』は、激動の時代に十一年七か月続いたことになる。

第二節　羯南の国民主義

内における国民の統一と、外にたいする国民の独立を標榜して、陸羯南（本名は実、一八五七―一九〇七年）は、自己の立場を「国民主義」と規定した。この国民の統一とは、国民（ネイション）に関わることは人民全体がそれぞれの能力に応じて「分掌」するということを意味している。そのようにして初めて、国民の対外的な独立が達成できるというのである。

一八八八年三月に、内閣官報局編輯課長を辞職した陸実は、四月九日に『東京電報』を発刊し、「国民主義」の立場にたって言論活動をはじめた。羯南が数え年三十二歳の時のことである。同じ四月三日には、「国粋主義」の雑誌『日本人』が創刊されている。羯南がこのように言論活動をはじめる直接のきっかけとなっていたのは、その当時に明治政府がおこなっていた条約改正交渉およびそれと不可分の関係で結びついていた、いわゆる欧化政策にたいする批判であった。

よく知られているように、第一次伊藤博文内閣の外相井上馨は、かねてから税権の恢復は後回しにして、まず法権の恢復を実現するという方針にたって条約改正交渉をおこなってきたが、一八八七年四月には、交渉は一応の妥結点に達した。その内容は、治外法権を撤廃する代わりに、日本は内地を全面的に開放すること、西洋の法理に基づく法典を編纂すること、外国人の法官を任用すること、などというものであった。

こうした改正案の内容を漏れ知った政府部内から、まず批判が起こり、次第に民間へ広がっていった。この条約改正については、それを促進するために政府がおこなった鹿鳴館に象徴される欧化政策にたいする不満も重なったために、国粋主義の傾向に立つ人々をも含めて、さまざまな人々が反対に立ちあがった。その七月には、農商務大臣谷干城がそれに反対して辞職している。

こうした状況に当面した政府は、七月の下旬に改正交渉を中止し、九月には井上外相も辞職した。その後には、伊藤首相が外相を兼任し、翌年二月一日に大隈重信が就任するまで、専任の外相は不在であった。その八月以後になると、全国の各地で、地租の軽減、言論の自由、および外交失策の挽回という三事を要求する、いわゆる三大事件建白運動が起こり、その代表が次々と上京して元老院に建白をおこなった。この運動には、旧自由民権派だけではなくて国粋主義の流れにたつ人々も参加していた。

伊藤内閣は、一二月二六日に保安条例を制定、即日施行し、「危険人物」を皇居外三里の地へ退去させた。また翌年の初めには、大隈重信を外相に登用することによって、改進党系の人々を懐柔しようと試みた。羯南が言論活動をはじめたのは、まさにこのような時期であった。

『東京電報』は、政府の内外にいた谷干城や浅野長勲（元広島藩主）といった有力者から援助を受けていたほかに、小村寿太郎や杉浦重剛（『日本人』の同人の一人）など、東京大学の卒業生が組織していた乾坤社という団体から支援を受けていた。しかし、売れ行きが思わしくなかったために、翌一八八九年二月十一日には、改組して

『日本』新聞となった。

その後間もない四月になると、大隈外相の条約改正案が漏れ伝わる。外交官である小村から、その内容がロンドンの『タイムズ』に掲載されていることを、羯南が教えられたことが直接のきっかけであったという。大隈案が井上案と異なるのは、外国人法官の任用を大審院に限ること、法典の編纂には外国政府の承認を必要としないこと、といったごくわずかな点にすぎなかった。このような条約改正は、日本の独立を危険に陥れるという激しい批判活動を通じて、陸羯南と『日本』新聞の名前は、急速に全国に広がっていった。

しかし、羯南の保守的な国民主義が形成される、より深い背景となっていたのは、自由民権期に天賦人権論が普及すると同時に、政治的な軋轢紛争が社会の底辺にまで浸透したという状況であった。一八八五年に羯南は、フランスの反革命主義者ド・メストルの著作を翻訳して『主権原論』という題で出版しているが、この行為には、懐疑的な状況にたいする激しい危機感が現れている。

また一八八八年九月に発表した「家族的生活及政治的生活」という社説には、「理」を基調とした個人主義的な観念が、政治的生活だけに止まらず、「情」を基調とした家族的生活にまで浸透するならば、「日本社会の支離滅裂は期して待つべし」という言葉がある。羯南の国民主義の基礎には、このような危機感が流れていたと考えられる。

このため羯南では、「国民」(ネイション)の歴史的な継続性と有機的な全体性を強調する国家有機体論の観念がはっきりと現われる。天賦人権論は、「この説や、個人と国家との歴史上の関係、すなわち有機的の性質を知らざるより生ずるものにして、もっとも今日のごとき列国競争の時に有害なりといわざるを得ず」(「国民的の観念」八九年二月一二日)と批判される。

明治維新後の日本では、福沢諭吉の「日本にはただ政府ありていまだ国民あらず」という『学問のすゝめ』第四編の言葉(『文明論之概略』の第九章にも同様の言葉がある)が端的に示すように、国民は新しく形成するべきものであった。いいかえるならば、個々の人民の主体的な能動性に支えられた国民をつくることこそが課題とされていたのである。

これにたいして羯南では、国民は過去から継続して存在してきたものであり、歴史的に形成されたさまざまな制度や風俗、慣習などによって、その特性を維持発展させていくべきものとになった。

明治時代には、鋭い対外的な危機感が充満しており、福沢諭吉ら啓蒙主義者も、中江兆民ら自由民権論者も、ナショナリズムの観念を刻印されていた。平民主義の時期の徳富蘇峰のように、ナショナリズムの観念が、いわば「休火山」化していた人物の場合でも、自身が発行する雑誌や新聞には『国民之友』とか『国民新聞』という名称を付けていた。にもかかわらず羯南が、改めて自己の立場を「国民主義」と規定したのは、今までみてきたような政治的状況の変化と思考様式の転換が背景となっていた。

こうして羯南の国民主義においては、伝統主義的ないし保守主義的な傾向が前面にでてくる。国民は、家族や村落などによって下から上へ構成された歴史的な形成物であり、個々の人民を直接に組織化した国家機構とは区別される(「器械的国家及機関的国家」八八年一一月一一日)。この「機関的国家」は人民、政府および領土などを含む有機的な全体としての国家であり、羯南のいう国民とは、主体的な側面に焦点をおいてそれをとらえた観念であるといってよいだろう。

また、家族制度は男尊女卑の制度や慣習をも含めて、歴史的に形成された自明の制度とされ、それを批判することの方が非常識として排斥される（「与自由記者」九三年七月八―一一日）。この社説は『自由新聞』に答える形をとっているが、実質は蘇峰が同年六月に『国民之友』に発表した、有名な「家族的専制」を批判したものである。家族主義批判に対する羯南の反批判が、良くでていると思うので紹介しておく。

さらに、天皇は国民の精神的な凝集核としてだけではなくて、政治的な主権者としてもその絶対性が強調される。

「日本天皇の権力は……日本臣民に向かいてはもとより絶対的権力たるを失わず、ただ欽定憲法すなわち天皇が親ら裁定し給いて、皇祖皇宗の霊に警告し給える所の此の憲法に向かいては、制限を受くるの姿なり。外国の君権は臣民のために制限せらるといえども、日本の皇権は臣民に向かいて無限にして、皇祖皇宗の謨訓に対しては有限なりとす」（「近時憲法考」第十章　一八八九年）

天皇の絶対化と結びついて、伊勢神宮を頂点とする神社神道を重要視する傾向がでてくる。それは教派神道などとは、はっきりと区別され、「国家の典礼」として尊重するべきものとされる（「伊勢の太廟、皇室と行政府との関係」一八八年九月二一日）。国体論や神社神道の尊重という点では、羯南は明治国家の支配者と何の違いもなかったといってよいだろう。

しかし、この反面において、羯南の国民主義には、人民の自由権利の観念が拡大することを歴史の必然ととらえ、それを推進していこうとする立憲主義的ないし自由主義的な傾向が、はっきりと存在していた。人民に自由権利を認め、国事を分担させることは、羯南にとって国民の対外的な独立発展を達成するために必要不可避のことであった。

そうした考えは、明治維新の理解にも現れていた。明治維新は単なる封建的な割拠の克復とか王制への復古としてだけではなくて、封建的な身分制の廃止と自由平等制の展開の転機として、その歴史的な意味がとらえられている。

「維新の大改革はただに封建の敗壊として視るべからず、またただに王権の回復として視るべからず、この改革は実に日本国民が擅圧《せんあつ》制の内より脱して自由制の下に入り、特権制の絆を解きて平等制の界に移るの端緒なりし」（「近時憲法考」第一章）

羯南は、国民の原動力が人民にあることを、はっきりと認識していたから、人民の自由独立なくして国民の自由独立もあり得ないことであった。一八八九年三月に発表した「運動するものは人民なり」には、次のような言葉がある。「人民は水なり、政治家は舟なり。水よく舟を載せ、水よく舟を覆す。政治家たる者よくこの大勢を察して運動せざるべからず……けだし政治運動の原力は政治家にあらずして人民なればなり」

この言葉は、『荀子』「王制」のなかにある。「伝に曰く、君なる者は舟なり、庶人なる者は水なり、水は則ち舟を載せ、水は則ち舟を覆す、とは、これをこれいうなり」という言葉を踏まえたものである。このことからわかるように、羯南のこのような主張は儒教の民本主義の流れをくむものである。したがって最下層の民衆を、単なる政治の客体とみる見方を排除するものではなかった。しかし右の文章では、西洋の立憲主義の影響を受けることによって、政治の原動力は人民であるという観念が、儒教の民本主義にはみられなかったほど強くでていることは間違いない。

「一身独立して一国独立す」という、福沢諭吉の『学問のすゝめ』第三編の言葉が示すように、明治初年の日本では、個々の人民の自由独立を達成して初めて国の自由独立を実現することができるとされていた。羯南の場合には、国家有機体論が展開するのにともなって、個々の人民に対比して歴史的に形成された全体としての国民の価値が、著しく強調されるようになった。しかし、人民の自由独立なくして国民の自由独立はないという観念は、しっかりと維持されていた。この点は、進歩派の自由権利の観念ないし立憲政治観を批判した次の文章をみても明らかであろう。

「天賦人権の説、自由平等の論、立憲政体の完美、国会開設の正当、かくのごとき空理は吾輩これを聞かざるにあらずといえども、これただ論者が一時の口実となしたるに過ぎずして、実際の目的はこの制度により て上下一致、国の進歩を謀るというに外ならざるがごとし。然らざれば、吾輩はまた立憲政体そのものの価値を知る能わざるなり」(「立憲政体をして国を誤るの具とならしむ勿れ」九一年一〇月一一、一八日)

そうした思想と関連して羯南の発言には、天賦人権論的な観念すらも痕跡を残していた。やや細かくなりすぎるが、一例を紹介しておく。「独歩独行独坐の自由は吾人が天然に有するところの権利なり。故にいやしくも道理の存する無くしてこれを滅殺すべからざるは、もとより明白なることとす」(「憲法第廿三条人身の自由」八九年三月六日)。

こうして、羯南の保守的な国民主義の内には、伝統主義的・国体論的ともいうべき傾向と、立憲主義的・自由主義的ともいうべき傾向とが存在し、両者がせめぎ合いながら、時に応じてそのうちの一方が前面にでていた。羯南は、ある場合には帝国憲法が定める天皇主権の規定を基礎にして、政党内閣制を排斥しただけではなくて、政党という部分的な利益を代表する組織が、国家の内部に存在することにすら反対している(「政治の弊、国益と党利」八九年六月二八—三〇日)。

かと思うと他の場合には、羯南は立憲政治の下では政党内閣制が成立するのは当然であるとして、次のように主張している。「それ吾輩は政党内閣をもって国憲上の制度と解釈するの迷謬を論ずるといえども、一方においてはそれが政治上の慣習としては、当世紀における適宜の政機として、これを賛成せざるを得ず」(「政党及内閣」八九年一一月八—一〇日)。

「国憲上の制度」ではなくて「政治上の慣習」に過ぎないと限定しようとも、政党内閣制についてのこの主張は、天皇主権の絶対性についての先の主張や、政党の存在そのものについての消極的な見解と明らかに矛盾する。

歴史的にみると、日清戦争がはじまる以前の時期には、天皇主権論的な傾向が比較的に強くでていたのにたいして、日清戦争後になると、この面はほとんど聞かれなくなる。政党内閣制ないし議会政治が擁護されることになる。こうした変化があるとはいえ、羯南において天皇主権的な傾向と、立憲主義的な傾向が共存し、時と場合に応じて一方が前面にでていたことは否定できない。

やや異なった分野から、もう一つ例を挙げておくことにしよう。羯南には、学問を国家にたいする効果によって評価する、国家主義的な傾向が一貫して強く現れていた。一八九〇年前後に、重野安繹ら帝国大学の考証学者が、古来忠臣の事績として有名な楠正成・正行父子の決別とか、児島高徳の存在などを歴史的な事実ではないと否定したために、「抹殺博士」という非難がごうごうと巻き起こったことがある。この時に、羯南も重野らを激しく非難して、次のように論じていた。

「今、日本歴史中において比類なき忠臣孝子の遺蹟を穿鑿(しかも断簡零墨により)してその虚伝なるを摘発し、揚々得色あるが如きは、いやしくも愛国心ある日本国人の為すべき所為なるか」「一国の歴史は一国民の族譜なり。国史を読む者はその国民精神、その国民徳性を祖先の言行によりて発揮せざるはなし。故に祖先の嘉言善行を保存し発揚せんとつとむるは、歴史家の任務なり」(「歴史家及考証」九〇年三月一二―一四日)

その一方で羯南は、時には政治からの学問の独立を、次のように説いている。この場合には、この発言が前の発言と矛盾するとみた方がよいかどうか難しい問題があるが、二つの発言が対照的であることだけは確かである。

「それ政治は政治なり、学術は学術なり。二者は各々独立の生存を為し、互いに相い益すべく、しこうして相侵すべからず。政権をもって学理を左右するがごときは、これ学術をもって政治の奴隷となすものにあらずや。学術を政治に隷するの間は、社会の進歩遂に望むべからざるなり」(「学術泣冤」九一年一月二九―三一日)

これまで私は、羯南の思想にみられる伝統主義的・国体論的な傾向と、立憲主義的・自由主義的な傾向を対比して説明してきた。しかし厳密にいうと、前者が伝統的で後者が非伝統的とは、必ずしもいえない。国体論は、日本の歴史および神話を根拠としているという意味では、伝統的であるといってよい。しかし、「昨日もこのようであったこと」を、そのまま維持しようとするのが伝統的な態度であるというならば、国体論は必ずしも伝統的ではない。国体論は、幕末以後に日本がおかれた新しい国際情勢に対応して展開してきたものだからである。

それればかりではなくて、国体論の重要な要素である天皇主権の観念は、近代西洋の法・政治思想の影響を抜きにしては考えられない。主権に類する言葉としては、日本にも中国の法家の流れを引く「大権」という言葉がなくはなかった。しかし、徳川時代が終わるまでには、特に徳川時代へ入る以前には、その言葉の用例は比較的にまれであった。しかも、神聖さを基本とする天皇と、その言葉が結びついて使われることは、ほとんどなかったといってよい。

これとは逆に、羯南において、政治の原動力は人民である、という立憲主義的ないし自由主義的な観念は、すでに述べたように儒教の民本主義の流れをくむものであるから、必ずしも非伝統的ということはできない。

したがって、羯南にみられる伝統主義的・国体論的な傾向と、立憲主義的・自由主義的な傾向との対立は、伝統思想と幕末以後に西洋から導入された西洋思想との対立ではなくて、伝統思想相互の間、導入された西洋思想相互の間の対立でもあったわけである。いいかえるならば、幕末以前から存在する伝統思想と、幕末以後に導入された西洋思想とが複雑に交錯しながら、その間に伝統主義的・国体論的ともいうべき傾向と、立憲主義的・自由主義的ともいうべき傾向とが、対立しながら存在していたことになる。

しかも羯南は、「自由主義如何」（一八九〇年）の末尾にある、次のような言葉が示すように、さまざまな観念や思想を、その場その場の状況に応じてかなり意識的に使い分けた。「吾輩は自由主義を解釈すること実にかくの如し。然れども吾輩は単に自由主義を奉ずる者にあらず、即ち自由主義は吾輩の単一なる神にあらざるなり。吾輩はある点について自由主義を取るものなり……然れども我輩の眼中には干渉主義もあり、また進歩主義もあり、保守主義もあり、また平民主義もあり、貴族主義もあり、各々その適当の点に据え置きて、吾輩は社交及び政治の問題を截断すべし」。

こうした事情が、羯南の保守的な国民主義の思想を全体的にとらえることを、著しく難しくしているように思われる。しかし、政治的な思考の様式という面からみると、羯南の思想には相互に密接に関連しながらも、一応区別してとらえることができるような幾つかの傾向を認めることができる。

その一つは、歴史的な現実を尊重しながら、政治の改革を漸進的に推進していこうとする傾向である。この傾向は、歴史の継続性を尊重する態度と、社会の変化発展を歴史の必然とみる態度との緊張関係を前提としている。この緊張のうちに、一方では急進主義を排除すると同時に、他方では反動主義を排斥して時勢に即しながら改革を実現していこうとする傾向がでてくる。

やや表現を変えていうと、歴史的な現実を尊重しながらも絶えず一歩先の状況を読んで、主体的に現実に対応していく態度であるといってよいだろう。わかりやすい一例を挙げると、羯南は一八八九年五月に「地方政権の所在」を四回にわたって連載し、府県会議員が族籍、職業および年齢という点でどのような構成になっているか、またその構成が地方によってどのように異なるかということを分析している。これは、翌年におこなわれる第一回の衆議院議員総選挙において、どのような議員が選出されるかということを予測しようとしたものであった。

この場合のように、統計を用いたものであれ、その他の方法を使ったものであれ、羯南は絶えず多用な方法を駆使して現実を明らかにしようと努めているが、それは一歩先の状況を読み、これに主体的に対応するという実践的な関心を基礎としていた。

こうした保守的な現実主義の立場にたって、自由民権派ないし議会開設後における民党の政治的な態度を、羯南は「抽象的な理論の演繹」とか「学理の虚なる応用」などと呼んで繰り返し批判をおこなっている。この批判は、一つには民党にみられた理論崇拝とでもいうべき傾向に向けられていた。理論崇拝の傾向とは、欧米の理論を、それが形成された基礎から切り離して、部分的、断片的に導入しようとする傾向をいう。理論を対象とするか、制度を対象とするかという点で異なるとはいえ、後述する制度崇拝の傾向と同じ根からでてくるといってよいだろう。

羯南においては、歴史の継続性を重要視する態度と欧米の模倣に批判的な反欧化の態度とが結びつくことによって、民党に広くみられる理論崇拝の傾向が、はっきりと否定されていた。「近時政論考」のなかの、第四期第五には次のような言葉がある。

「我が国の政論派は……名を先にして実を後にす。嗚呼また奇なりというべし。そのリベラリズムに倣い進歩または自由の名称を撰ぶものを見よ。彼れ既に進歩という、故にいやしくも進歩の名に反する事は善となく悪となくこれを排斥す。彼れすでに自由という、故にいやしくも自由の名を有する事は利害邪正の別を論ぜずしてこれを取る。しこうして進歩または自由の果して何物たることは、初より之を講明せず……」

民党の理論観にたいする羯南の批判は、二つには「理論によりて事実を支配」しようとする理論主義に向けられていた。理論主義とは、一定の理論体系に基づいて歴史的・社会的な現実を意識的・計画的に変革しようとする態度をいう。

次の文章では、学理の「虚なる応用」にたいして、学理の「実なる応用」を対置しているが、これは一定の原理原則、一定の理論体系に基づいて、現実を意識的に改革しようとする進歩的な理論主義にたいして、歴史的な現実に即しつつ漸進的に改革を実行しようとする、保守的な現実主義を対置したことにほかならない。

「近世の政に其の特色とする所は実に学理の応用に外ならじ。しこうして学理の応用に虚実の別あり。理論に因りて事実を支配するものは、吾輩これを虚なる応用といい、事実に基きて理論を施行するものをば、名付けて実なる応用といわんか」(「民生算査の急」九二年九月一九―二一日)

羯南は、このように理論主義を排斥したが、長い目でみた政策の一貫性は、強く擁護していた。羯南の場合、この政策の一貫性は「国是」の一貫性として表現される場合が多かったが、この観点に立って羯南は民党だけではなくて、明治政府にたいしても、その政策の場当たりさを繰り返し批判していた。

明治以後の日本のように、外から理論や学問を導入することを通じて理論や学問が展開してきたところでは、理論主義は、多かれ少なかれ理論崇拝の傾向を帯びて公式主義的な傾向をとり、往々にして場当たりの機会主義と結びついて現れた。羯南は、この関連をはっきりとは突き止めていなかったようであるが、本能的に感じ取っていたように思われる。

理論主義の批判と共に、羯南においては理論観、学問観が変化することになる。理論や学問は、人間や社会のあるべきあり方を究明するものではなくて、人間や社会のあり方、つまりその実状や動態を解明するものとなる。明治維新以後における政治思想の展開を、五期に分けて跡づけた「近時政論考」（一八九〇年）や、単なる政府間の外交とは異なった「国際競争の現象」を解明しようとした「国際論」（一八九三年）が羯南の主要な著作であることは、この点を示している。日本における現実科学としての政治学の発展の上で、二つの著作は見落とすことができない位置を占めるといってよいだろう。

その反面として、今や羯南においては、社会や政治のあるべきあり方ないし原理は、理論や学問が追究するべきものではなくて、人々の「感情」つまり価値感情ないし常識に基づくものとされることになる。次の文章は一八九二年一二月一五日に発表した「違憲説通過」という社説の一部である。

「読者願くは試みに人類世界の真理を達観せよ。吾輩は今ここに断じて『感情は理説の先導者なり』と言うも、誰かこれを偏僻の言なりとなさんや。人類は算術によりて動く者にあらざるが如く、社会は理説を以て服すべからざるや知るべきのみ。けだし天下もとより辞窮して意服せざる者は甚だ多し。辞窮するは理説の分にして、意服せざるは感情の力なり。感情の面前には論理学なく法理学なし。むしろ論理法理の応用は初めより感情のために指導せらるるなり。これ生人ありて以来宇宙の滅するまで易うべからざるの永久哲理というべし。……それ感情は天意に近し。社会多数の感情は殆んど天意のこの民によりて現わるるものなり。いにしえより識者常に社会の感情に観、往々あるいは『天怒り人怨む』の語を以て時の政府を戒む。もとより感情の懼るべきを深く信ずるが故にあらずや。理説のこの世に於けるや、ただ着眼立言の異同によりて曲直判かるのみ。いやしくも感情を離れたるの理説は毫末の勢力あらず」

この意味の価値感情は、過去から継続してきたものであるという性質を持つが、そうした感情を思想の根底に据えているという点に、羯南の思想が保守主義的であるという根拠がある。また、羯南の思想が複雑曖昧であるという理由も、この点にある。

しかし羯南においては、こうした価値感情に基づいて宇宙には道理が存在する、社会にはあるべき道徳的な秩序が存在するという観念が維持され、羯南の価値意識の根底となっていた。羯南が「道理」とか、「公道」という観念は、いずれかといえば儒教の系譜をひき、道徳的な共同体としての社会の原型ないし目的という性格を持つものであったが、こうした道理の観念は、一面では啓蒙主義や自由民権論と対立しながら、他面ではその影響を取り入れつつ維持され、羯南の有機体としての国民の観念を制約していた。

羯南の保守的な思考にみられる第二の傾向は、政治ないし国家機構の作用を、社会や文化にたいするその役割にしたがって評価する態度である。羯南が書いた文章には、「家族的生活」と「政治的生活」（「家族的生活及び政治的生活」八八年九月二六日)とか、文化と政治(「文化及政治」九〇年二月一二—一六日)、総括していうと道徳的な共同体としての社会と国家機構とを対置した発言が絶えず現われる。

「一国民に国家と社会との区別あることは、なお一家に家業と家族との別あるがごとし。家族は彜倫《いりん》を以て立ち、家業は多少の規約を以てなるがごとく、国家は法律上の機制にして、社会は徳義上の存立なり」(『行政時言』一八九一年)

羯南のいう「国民」とは、この全体を含むものであるから、道徳的な共同体としての社会と国家機構とを対置することは、羯南が、両者の区別と相互関係をはっきりと理解していたということを示すものにほかならない。その場合、より重要視されるのは国家や政治ではなくて、社会や文化の面であることはいうまでもない。また社会や文化の面では、伝統を保守しようとする傾向が相対的に強く現われるのにたいして、政治ないし国家機構の面では、改革を推進していこうとする傾向が比較的に強くでてくる。この点に羯南の保守主義が、現にある支配体制をそのまま維持しようとするような保守主義ではないことが示されている。

こうした思考方法に立つ羯南では、その反欧化の視点も重なるために、民党に広くみられたような制度崇拝の傾向が、はっきりと否定される。制度崇拝の傾向とは、一定の制度さえ導入するならば現実が改革されると考えて、西洋の制度をその基礎から切り離して部分的、断片的に導入しようとする傾向をいう。

政治の面だけではなくて経済の面でも、羯南が、既成の産業制度を個別的に導入しようとする明治政府の制度移入型近代化にたいして鋭い感覚を持ち、民衆の利害に即してそれを具体的に批判していたことは、このような思考方法に根拠がある。

羯南は、自己の国民主義に対立するような思想にたいして、激しい非難攻撃をおこなった。先に紹介した「歴史家及考証」の文章は、その一例である。しかし「偽尊王主義」(九二年五月二一日)や、「偽国家主義」(九二年四月一二─一三日)という社説が示すように、明治政府が振りまく国体論や国家主義のデマゴギーには惑わされなかったことも、このような思考方法と関係がある。

道徳的な共同体としての社会という観念と関連して注目しておきたいことは、羯南が社会の底辺の民衆にたいして、深い関心と同情を持っていたことである。ただ、羯南にとって底辺の民衆は、政治の主体ではなくて客体にすぎなかった。そのために、細民や労役者の問題を解決することは、結局は政府や皇室あるいは地主や資本家の注意や慈恵にゆだねられることになった。儒教の民本主義の帰結といってよいかもしれない。

しかし、羯南の関心と同情は儒教的な民本主義の枠内にとどまるものではなかった。一八九〇年の春から夏にかけての時期には、米価が騰貴して各地で米騒動が起こり、一部の地域では餓死者すらが現れた。そのさいに佐渡では、細民に金山の労役者も加わって騒動がおこり、軍隊の出動が要請されるような状況となった。次の文章は、このような状況が進行していた七月六日に、羯南が『日本』新聞に掲載した「佐渡の暴民に感あり」という社説の一部である。

「世間姦曲詭譎《きけつ》詭譎、ほとんど盗賊に類するものあり。巧みに法律を脱れて他人の利益を横取りし、国家の財産を占奪し、傲然自ら称して紳士となし、高堂華屋、美衣美服、動物的の欲を恣にし、不義の富を楽む。

法律これを罰せず、世人これを咎めざるのみならず、従いてこれを称揚し、あるいは某社の長となり、或は某会の幹事となり、はなはだしきに至りては、国家の栄誉職たる国会議員に選挙せらるるものあり。しこうして国家の罪人たるこの細民を問えば、順良方正にして未だかつて他を害せず、自己の汗に衣食して　その他を知らざりしといえども、一旦不幸にして死と相隣するに至り、憂愁の極、一変して憤怒となり、自ら国家の罪人たるに至る。今これを以て彼の紳士に比するに、その智愚の差また甚しと言ふべし。しかれどもその心術操行に至りては、かれこれ相転倒する、また智愚の差より甚しき者あるなり。それ順良方正なる貧民は、一朝の非行に由って国家の罪人となり、殆んど人倫の何たるを弁えざる盗賊の子孫は、その不義の富に由って国家の栄誉を荷うがごとき、たとえ国法上不可なしとするも、決して国家の生活上賀すべきの事にあらざるなり」

この文章では、宇宙には道理が存在する、社会にはあるべき道徳的な秩序があるという観念を前提として、現実の国家秩序にみられる紳士と細民との間における、価値の転倒が鋭くえぐりだされている。この視点は、社会主義の視点とほとんど紙一重であるといってよいだろう。

明治以後の日本では、欧米から新しい思想を次々と導入することを通じて、思想が展開してきた。そのために、社会主義の先駆というと、たとえば『国民之友』のように欧米の社会主義を、日本へいち早く紹介したものがとりあげられるのが普通であった。明治の社会主義者自身が、そのような見解を表明していた。

したがって彼らが自覚していたかどうかはわからないが、この保守的な国民主義者の右のような思想は、明治の社会主義が展開する上で重要な前提となっていたことは間違いないであろう。羯南の帝国主義＝軍国主義批判が、明治の社会主義にたいし一定の先駆的な意義を持つことについては、Ⅳ「日清戦争後における陸羯南」で取りあげる。

羯南の保守的な思考にみられる第三の傾向は、現実に存在するさまざまな社会的な要素や動向の利害を調整し、「国民の一致」を実現しようとする傾向である。それは、現実に存在するものには、それなりの歴史的な根拠があると認める態度と、国民の一致結集を重要視する態度とが結びついた上に成り立っている。『日本』新聞発刊の翌日に発表した「国民的の観念」(八九年二月一二日)には、次のような言葉がある。「近世国家の基礎は、単に貴族の上にもあらず、また単に各人の上にもあらず、また単に君権の上にもおかず、しこうして自ずから君民の合同を意味する国民の上に座することとなり」。

このような利害の調整の思想は、現実に存在するあらゆる社会的な要素や動向にたいして開かれているわけではない。国民の一致を損なうとか、歴史の継続性を破ると判断するものにたいしては敵対的であり、鋭い非難攻撃が向けられた。第一次大戦後の国粋主義者が政治的な敵にたいしておこなった、「非国民」というような激しい非難攻撃の起源が、羯南ないし『日本』新聞にあったことは否定できない事実である。

この利害の調整の思想が、現実政治の上でもっとも重要な役割を果したのは、日清戦争後におこなわれた軍備大増強にたいする批判の場合であり、すぐ前で述べたように、それが否定的な形をとって現れた例といってよい。羯南は、戦後経営の名による軍備の大増強を、国力不相応な過大な軍備、しかも急激に拡大しようとするものととらえ、それにたいして激しく抵抗した。これについては、次の「日清戦争後における陸羯南」で詳しく述べることにする。

ここでは「自由主義如何」を例にとり、やや異なった面で、この利害の調整の思想をみておくことにしよう。この論文では、「リベラリズムすなわち自由主義はなるべく国家の権威を減縮して、なるべく個人の自由を伸張」しようとするものであり、「いずれの世、またはいずれの国においても、その政事上の紛争は大抵みな国家と個人との戦争ならざるはなし」とされる。その上で、「この国家と個人、国家の権威と個人の自由」の関係如何という問題は、理論的に解決することはできず、その国の状況に応じて、その都度実際的に調整していくほかないと説かれていく。

こうした羯南の自由主義論は、個人の自由を絶対的に擁護する「革命党または性法派」の立場に鋭く対立するものであるが、他方では自由主義を絶対的に排斥する保守的ないし反動的な立場にたいしても、鋭く対立しながら展開されているのであって、羯南の思想には自由主義が組み込まれ、その思想全体と調和させられていたといってよいだろう。

自由主義、干渉主義、進歩主義、保守主義、平等主義、貴族主義などを、適当な点に据えおいて使い分けるという、先にみた「自由主義如何」の末尾の言葉は、この利害の調整の思想の、一つのバリエーションであるとみてよいのではなかろうか。

利害の調整という思想は、国際関係では、国内関係の場合とは異なった形をとって現われることになる。国内関係では、さまざまな社会的な要素の利害を調整して「国民の一致」を実現することが目標となるのにたいして、国際関係では、さまざまな社会的な要素や動向のなかに、外国の勢力がどのように浸透しているかということを総合的に把握し、それに適切に対処することが課題となる。

一八八九年六月に発表した「続外国人論」のなかには、次のような言葉がある。「破壊的器具の進歩するその表面には、生産的作用のますます発達すること、および侵奪政略の流行するその裏面には、博愛主義のいよいよ拡張すること、これ実に今世紀における宇内一般の特色なりというべし。社交上よりみれば四海兄弟なり、外国人は最早や我輩の敵人として視るべきにあらず。しかれども政治上よりみれば弱肉強食なり、外国政府は未だ吾輩の友人として視るべきにあらず。博愛といえる洋面には、国民と云へる海峡あることを忘るべからず」。

この文章では、国際関係について、国対国という関係とそれ以外の関係を区別し、国対国という関係では弱肉強食であり相互の利害が根本的に対立するけれども、それ以外の関係では相互の利害が調和する面があることを認めている。

しかし、国対国という関係からみると、それ以外の関係を、国対国という関係から簡単に切り離してみることはできない。羯南の主著の一つである「国際論」（一八九三年）では、政府以外の集団や個人の活動が政府の活動と結びついて、重大な国際政治上の結果を実現することが明らかにされている。

その場合、「個人が偶然にも他の民種を浸食する」という言葉が示すように、政府以外の集団や個人の活動は（「個人」という言葉は、政府以外の集団をも含む意味で使われている）、必ずしも他国を侵略するという意図を持っていないにもかかわらず、結果として政府の活動と結びつき、重大な国際政治上の効果をもたらすとされている。この論文が、政府間の外交とは異なる「国際競争の現象」を具体的、動態的に解明したものとして、国際政治学の歴史の上で先駆的な意義を持つとされるのはそのためである。

この「国際論」は、西洋列強の勢力による浸食から日本を防衛するという観点に立って書かれている。しかし、その「総説」で羯南自身が認めているように、この本に書かれた知識は、日本の勢力を朝鮮や中国へ浸透させていく上でも、応用することができるものであった。

しかし、日清の開戦前から開戦後にかけての過程において、羯南がそのような観点に立って、どのような発言をしているかということを跡づけることは、ほぼ不可能なように考えられる。関係のある情報の流通量がごく限られていた上に、当局の検閲のために羯南自身の発言が制限されていたからである。

そのため、羯南自身の発言を取りあげることは諦め、その代わりに日清開戦直前のいわゆる対外硬派の運動において、羯南と手を携えて活動した徳富蘇峰が一九三五年に出版した『蘇峰自伝』のなかで、羯南の活躍ぶりについて述べている回想を紹介しておくことにしよう。

「新聞雑誌方面においては……内輪の画策は専ら、日本新聞社長陸実氏がやっていた……君は善き意味において、なかなか謀を好んだる策士であった。しかして君の手は政界の裏面には、なかなかよく動いた。しかして余の事は兎も角、政治上については、かなり融通も利いていた……予は当時専らこの運動については、陸君と相談した。しかして相談するごとに、陸君の思慮はなかなか周到で、予の如き粗枝大葉の者が、とて

も追付くところでは無いと考えた事が、幾度かあった」（二八四―五ページ）

この言葉は、思考方法という点で非常に非政治的であった蘇峰が、自身とは対照的であった羯南の特長をはっきりと認識していたことを示すという意味で、記憶しておく価値があるだろう。政治的という言葉は、きわめて多義的である。蘇峰は、読者の知性ではなくて感情に訴え、読者を自己が思う方向へ動かそうとするという意味では、発言態度が非常に政治的である。このことと、思考方法が非政治的であるということとを混同してはならないだろう。

おわりに

徳富蘇峰の平民主義は、成立の当初から一世を風靡し、『国民之友』はまさに爆発的ともいうべき売れ行きを示した。これには、そのみせかけの急進性が、明治政府に根強い不信感を抱いていた当時の人々に、評価されたこともあるであろう。その振りまく将来についての明るい展望が、時代の状況に閉塞感を感じるようになった青年に、希望の拠り所を与えたこともあるであろう。「キリスト教主義」に基づく家族や男女関係の改革論が、新鮮な印象を持って受け入れられたこともあるであろう。

政治社会経済から歴史文芸宗教にまでわたる多面的な論調が、時代の趨勢に適合した面もあったであろう。和漢洋、古今を問わず、書籍や人物・事例を博引旁証する文章が、青年を圧倒する力を持ったこともあるであろう。翻訳調で一種の美文調の扇情的な文体が、魅惑的であったこともあるであろう。蘇峰の筆力については、当時のほとんどの批評が絶賛していたといってよい。

しかし蘇峰の平民主義は、「世界の大勢」について、甘い希望的な観測の上に成り立っていた。しかも蘇峰の政治的、現実的な志向は弱かった。そのために平民主義は、打ちだされた直後から政治的、歴史的な現実の変化に押し流されていくことになった。

一八八九年二月一一日に明治憲法が発布されると、蘇峰は「ああ千載の一時」という社説を書き、赤字刷り大活字で『国民之友』に掲載した。

「吾人は此の官民不調和を憂ふること久し。唯だ強て調和を試むるの甚だ得策にあらざるを信じたるのみ。吾人は自然の進歩に任せ、我が官民間に蟠りたる不調和なるものは、春風の氷塊を解くが如くあらんことを欲したりき。而して今や漸く其時節到来せり。吾人は此の千載の一時に於て、我が国民を挙げて満腔唯だ喜悦の情に充たされたるの今日に於て……恩仇相忘れ、敵も味方も、反対党も自党も、官吏も人民も、其の胸中より溢れ来る祝祈と共に、総て是れまで我が政治世界に欝積したる怨霧毒烟を吹き払ひたく思ふなり」

これは、憲法を一読してただ苦笑するのみであった、といわれる中江兆民と異なるだけではなくて、かつての蘇峰自身の発言とも大きく変化している。一八八三年一〇―一一月に、蘇峰は「官民の調和を論ず」を四回にわたって『東京毎週新報』に掲載し、その当時に中央の政界にあった官民調和の動向を厳しく批判しているが、この文章では論旨がまさに逆になっている。

また一八八四年一月に自費出版した『明治廿《二十》三年後の政治家の資格を論ず』では、蘇峰は、憲法が発布され議会が開設されても、それによって政治的な状況が一挙に変わるわけではないと論じて、制度崇拝に陥ってはならないと説いていた。この「ああ千載の一時」は、蘇峰自身がこの制度崇拝に陥っていることを示すものにほかならない。

一八九一年一二月に、蘇峰は「平民主義第二着の勝利」を発表し、ヨーロッパにおいて労役者階級を担い手として社会主義運動が展開してきたことを紹介している。この論文では、歴史は一定の発展段階を踏んで展開するという考えに立って社会主義運動が出現したことを説明しているが、そのなかに労役者階級にたいする期待感めいたものがかすかにでているのは、国内における中等階級にたいする幻滅が背景になっていたと思われる。

一八九二年一一月の「中等階級の堕落」になると、すでに述べたように、地主豪農層を担い手とする「下から」の産業化という展望が崩壊したことを、蘇峰自身が自覚するようになるが、この前後から平民主義は急速に変容、解体していく。

この過程は、反面からいうと、平民主義の時期にはいわば「休火山」化していたナショナリズムと政治主義が、噴出する過程にほかならなかった。一八九三年の秋になると、蘇峰は、それまで鋭く敵対していた陸羯南など国粋主義者とも手を握り、対外硬派の運動に参加し、以前とは逆に「対外硬」という観点に立って、政府が実行していた条約改正交渉にたいし、批判をおこなうようになる。

一八九四年に入ると、蘇峰は「日本国民の膨張性」(社説題名、六月初旬)という観念を掲げて、日清開戦を鼓吹するようになる。『将来之日本』を出版して、平和で生産的な平民主義の国家を建設するように主張してから、七年あまりのちのことであった。

転向後になると、蘇峰の思想から歴史の発展とか歴史の発展法則という観念は消え去るが、「世界の大勢」はその基本観念であり続けた。それは、人種の優勝劣敗の戦場という、当時の世界の基本的な動向を意味することになり、この戦場において日本を優者の列に加えることが強固に主張されることになる。そうした思想の要素が、平民主義の時期の蘇峰の思想のうちに、すでに存在していたことについては先に述べた。そうした事実は、蘇峰の転向の著しい特徴であったといってよい。蘇峰が、自己の転向の思想的な責任について無自覚であったのは、この点と関係がある。

日清戦争が終わってからそれほどたたない時期に『日本』新聞に掲載した社説のなかで、陸羯南は、時々、次のような回想を述べている（Ⅳ「日清戦争後における陸羯南」第三節参照）。

自分の政治的な立場は、一八九二年一一月末に始まり翌九三年二月末まで続いた第四議会の終わり頃を転機として、藩閥政府支持から民党支持に転換した。それまで自分は藩閥政府の内部に「武断専制臭味」が強い軍人などと、それとは異なる伊藤首相などの二派があり、伊藤首相ならば「国民の一致」を実現できると期待して支持してきた。

ところが、一八九三年度の予算案をめぐって衆議院が軍艦建造費や官吏俸給費などを削減すると、伊藤首相は天皇の詔勅をだすことによって、その難局を乗り切った。このように天皇を政治的紛争に巻き込むような行動をとる一方では、ひそかに自由党に働きかけて政府に内通させようとした。これをみて自分は、伊藤内閣だけではなくて藩閥政府そのものを見限ることになった、と。

羯南が書いた社説を時間的な順序に従って読んできた私には、この回想はやや意外だという感じがした。一八九三年の初めに、羯南の政治的な立場が藩閥政府支持から反対へ変わったなどとは、思ってもみなかったからである。

一八九三年の秋から、羯南は対外硬派の運動に参加する。この運動は、「現行条約励行」と「自主的外交」を掲げて政府がおこなっていた条約改正交渉を批判した。しかし、羯南の明治政府批判は、それまでにも大隈外相による条約改正交渉とか、ロシア皇太子が護衛の警官に傷つけられた大津事件をめぐる政府の対応のように、欧米列強にたいして追従的な政府の対外行動に向けられる場合が多かった。したがって、伊藤内閣を「対外軟は対内硬」(社説題名九四年五月二八日)と批判したからといって、羯南の政治的な立場が変化したとは考えにくい。

また対外硬派を構成していたのは、改進党を別にすると、それまで吏党の中心であった国民協会や、国粋主義の傾向が比較的に強いと目されてきた議員らであったから、この運動に参加したことによって、民党にたいする羯南の態度が変わったとも考えられない。

その上、日清戦争後でも、伊藤内閣に代わって一八九六年九月に成立した第二次松方内閣(改進党の後身である進歩党と提携したものであったが)を、羯南は一応支持していたから、一八九七年一〇月にこの内閣にたいする支持を撤回する以前には、藩閥政府にたいする羯南の態度が変わったとは思われないからである。

一八九三年に対外硬派の運動に参加したことは、羯南よりも、むしろ蘇峰の政治的な立場が大きく変化したことを感じさせる。蘇峰が国粋主義者や国民協会と提携したり、対外硬という観点から政府の対外行動を批判したりすることは、それ以前にはなかったといってよい。

しかも、自由民権運動が盛んであった時期から、蘇峰は自由党と親密な関係を保ってきた。この関係は、第一議会で起こったいわゆる土佐派の裏切りによって揺らぎはじめ、第四議会のころから、星亨が党内で勢力を持つにつれて、自由党が政府に接近したことによって大きく動揺した。しかしそれが完全に断絶するのは、改進党が重要な一翼を担う対外硬派の運動に、蘇峰が参加したからである。

一八九四年の春に朝鮮で東学党の乱が起こり、朝鮮の政情が動揺すると、対外硬派は日清開戦論になだれ込んでいく。しかし日清開戦の過程は、日露開戦の場合と比べると、はるかに複雑で簡単には説明できない。そのためここでは、条約改正交渉批判として起こった対外硬派の運動が、日清開戦論に転化したということだけを指摘しておく。

一言付け加えると、一八八八年四月に『東京電報』を発刊してから、一九〇六年六月に病のため『日本』新聞を手放すまでの二十年近くの間に、羯南が蘇峰と同じ政治的な陣営に属して活動したのは、この対外硬派の運動がおこなわれた一年足らずの期間だけであったということは、記憶しておく価値があるだろう。

日清戦争が終わろうとしていた一八九五年四月に、日清講和条約をめぐって、ロシア、ドイツ、フランスによる三国干渉が起こった。これによって国際的な権力政治の現実を改めて思い知らされた日本では、政府は戦後経営の名のもとに軍備の大増強を企てた。政界でも言論界でも、多数の人々が熱心にそれを支持した。徳富蘇峰は、その急先鋒であった。

これに反して、保守的な国民主義者陸羯南は、戦後経営を、国力不相応な過大な軍備をしかも急減に拡大しようとするものであるととらえ、激しく抵抗した。あとから考えると、そのような徴候は、戦争中に講和条件を論議していた時に、すでにはじまっていたように思われる。羯南の説く講和条件は、現実的であるという意味で、他の論者の過大な要求と明らかに異なっていたからである。この点については、さしあたり岡義武の「日清戦争と当時の対外意識」(『岡義武著作集』第六巻所収)を参照されたい。

それに連れて、もともと羯南の思想に含まれていた立憲主義的ないし自由主義的な面が前面に押しだされてくる。日清戦争後の一時期になると、羯南は藩閥「軍人政治」、藩閥官僚政治にたいして、世論に基づく議会政治を対置し、猟官制の採用や軍部大臣武官制の廃止などを主張すると同時に、帝国主義=軍国主義にたいして批判を展開した。

こうして陸羯南と徳富蘇峰の政治的な立場は、日清戦争の以前とは、まさに逆転する。これには、羯南の保守的な政治的思考が重要な基礎となっていたと考えられる。日清戦争後におけるそうした羯南の思想については、次の論文で詳しく取りあげることにする。

Ⅳ　日清戦争後における陸羯南

はじめに

明治時代、もう少し限定していうと、一九〇四年から〇五年にかけておこなわれた日露戦争が終わるころまでに活躍していた言論人の活動の軌跡を具体的に跡づけるとき、私たちは相互に密接に関連したいくつかの注目するべき傾向があることに気づく。

その一つは、個々の個人の発言が、実にめまぐるしく変化していることである。この変化は、対外論においてとくに著しい。対内論は、対外論につられて変化する場合が多いが、その変化は基本的な思考様式の場合に近く、対外論ほど激しくない。

個人の発言の変化の激しさは、啓蒙思想とか、自由民権論といった客観的な思潮の変化の早さと関係がある。一八—一九世紀のヨーロッパでは、数十年といった規模で思潮が変化していたといってよいように思われるが、その影響を受けた明治の日本では、一つの思潮は、ほとんど十年とは続かなかった。

このような思潮の変化の早さは、現実の状況の変化の激しさを基礎としていた。日本は幕末に、欧米列強によって国際社会に強制的に編入されたが、この極東の小国は、それから五十年くらいしかたたないうちに、世界第一等の強国ロシアと戦争をするまでになった。

しかし個人の発言内容の変化には、不可逆的な思潮の変化にはみられないようなジグザグ、ないし振子運動といってよいような変化が認められるような場合も稀ではなかった。このような変化は、個人の発言の変化を一層めまぐるしくしていたことはいうまでもない。

個人の発言の変化は、一般的には国際的および国内的な政治的緊張が昂まる時期に激しくなるといってよい。しかし、変化が激しくなる時期や、変化のイデオロギー的な内容ないし意味は、人によってかなりの相違があったことも確かである。

その二は、両立できないような多様な思想が、同一の個人の発言に現れることである。これには、思考様式の上で異なる思想が混在する場合(この場合には両立できないとはいわないほうがよいかもしれない)から、同一の事柄について反対の意見が時に応じて説かれる場合など、さまざまな場合がある。

発言内容の食い違いが、意識的な嘘に基づくのではないかと思われるような場合も、これに入るかもしれない。朝鮮は日本と対等な国であると主張しながら、朝鮮を中国の影響下から切り離して日本の影響下におこうとしたような、一八七〇年代の後半から日清戦争の開始までにみられたような発言がその例である。

同一の個人の発言に、たとえば戦争を否定する意見と戦争を肯定する意見が現れる場合、それが時間の経過に伴う変化であると判断される場合には、単純な思想的な変化ということになる。しかし二つの意見が共存し、ある時には一方が、他の時には他方が現れると判断される場合に、両立できないような多様な思想が混在しているということになる。

ある個人の具体的な発言をみていくとき、思想的変化か思想的混在のいずれであるかを判断することが難しい場合がある。しかし一般的にいうと、明治の言論人の場合には、両立できないような多様な思想が混在している場合が多く、それがそれぞれの人の発言の変化をめまぐるしくし、振子運動のような発言を生みだしたように思われる。

両立できないような多様な思想が混在しているという場合、いずれの思想が、より持続的であり、いずれの思想が、より一時的であるかということを明らかにする必要がある。しかし、一方が「本音」ないし「本心」であって、他方が「建前」ないし「うわべ」であるというように簡単に割り切ることなく、なぜ対立するような発言が現れるかということを、できるだけ具体的に追及する必要がある。

その三は、イデオロギー的な立場が異なる人々の間に、さまざまな形をとって活動の接点が現れる場合が稀ではないということである。両立できないような多様な思想が一人の人物のうちに共存しているために、このようなことが簡単に起こるわけである。

中江兆民が、一八八四年に保守的な道徳主義者西村茂樹によって設立された日本講道会に加入したこと（西村は明六社の創立に尽力した人物であるが）とか、一九〇〇年に近衛篤麿らによって結成された国民同盟会に参加したことなどは、その一例である。日本講道会は、欧化の風潮に反対して、儒教など伝統道徳を考究することを目的としていたが、一八八七年には「国民道徳」の普及をめざす日本弘道会に改組された。また国民同盟会は、ロシアの南下を阻止することを目的としており、陸羯南もその会員であった。

同じ時期にほぼ同じ内容の政治的な発言をしているということにまで広げていうならば、イデオロギー的な立場が異なる人々の間に接点が現れるということは、珍しいことではなかったといってよいだろう。

明治時代の言論人の活動にみられるこのような傾向は、その発言を複雑にし、それを内在的に理解することを難しくしている。このような事情は、日清戦争後における陸羯南の発言に、とくによく当てはまるように思われる。本稿はこの時期における羯南の発言の軌跡を、具体的に跡づけることを課題とする。

第一節　戦後経営への抵抗

一八九五年四月二三日に、ロシア・ドイツ・フランスによる、いわゆる三国干渉を受けて、日本は日清講和条約に基づいて清国から獲得した遼東半島を還付することになった（五月五日に三国へ通告した）。これによって勝利の酔いを覚まされた日本では、五月八日に日清講和条約が批准された直後から、政界でも言論界でも軍備を増強しなければならないという主張がさかんに展開されはじめた。

政府部内では、陸海軍を中心として軍備増強の計画が練られた。陸軍は六師団を増設して、常備兵力をほぼ倍増する、また海軍は、甲鉄戦艦六隻と一等巡洋艦六隻からなる六・六艦隊を新設して、欧州列強の東洋艦隊のうち、いずれの二か国の連合勢力にも対抗できるようにするというものであった。

政党の世界では、国民協会が一八九五年七月三日の集会で、「臥薪嘗胆、上下一致、勤倹以て大いに国力を増進し、盛に軍備を拡張しもって聖詔〔遼東還付の詔勅をさす〕に答え奉らざるべからず」という戦後善後策を決議している。

日清戦争の前から伊藤内閣と意志が通じ合うようになっていた自由党は、七月一七日の在京議員総会で、政府と提携し戦後経営を支援するという方針を内定している。この方針を自由党が正式に宣言するのは、その年の一一月二二日であった。

言論界をみると、福沢諭吉は六月九日の「臨時議会を召集すべし」で、「目下の平和は一時の休戦に異ならず、実際にはやはり戦争の継続中と心得て用意を怠らず、もって風雨の変に処するの覚悟こそ肝要なれ」と説いている。こうした考えに基づいて、福沢は『時事新報』の紙上で、連日のように軍備の拡張と増税の必要を主張していた。

日清戦争の開始当時に、平民主義に代わって国家膨張主義の立場を明確にした徳富蘇峰の『国民新聞』では、一層激しい口調で軍備の増強が主張されている。たとえば六月一日の「武装して起て」は、次のように論じている。この論文には、次に紹介する「善後」などとは異なって「無名氏」という署名がある。この署名のある論文は、この時期に限ってしばしばでてくるが、内容の重要度や文体などからみて、私は主筆蘇峰が書いたものと考えている。

「国際に於ける最後の雄弁は武力なり。列国として最首の資格は武装なり。今後の日本は第一に大いに武装して起たざるべからざるなり。言い換ゆれば、極めて陳腐なる『富国強兵』の語を、もっとも斬新にして、しかももっとも活動せる意義をもって、日本の国是となさざるべからざるなり。

しからば日本は如何に武装すべき。差し当たり

第一　五年以内において、欧州最強国東洋海軍の二か国に対すべき海軍力を作る事

第二　五年以内において、少なくも現時に倍する常備陸軍力を作る事

の二事を標準として事に従うことを要す」

これを読むと、政府部内で練られていた軍備増強の計画が、この時点で、すでにこのようなかたちで漏らされていたことがわかる。また、六月一二日に発表された「善後」の第二回「富国強兵の国是」では、蘇峰は次のように説いている。ここには、後の『時務一家言』とともに有名な「力の福音」の観念――「福音が力であるのではなくて、かえって力が福音である」という観念――が、すでにはっきりとでているといってよいだろう。

「国として起つも、腕づくめなり。国として動くも、腕づくめなり。国として進むも腕づくめなり。実力のほか、ほとんど依頼すべきものなし。実力の要領は概して富国、強兵の二者にほかならず」

陸羯南は、日清戦争がはじまって間もない一八九四年九月下旬に発表した「戦捷後の兵備拡張」で、戦後には軍備の拡張が必要になると、すでに説いていた。その理由としてあげていたのは、㈠清国の報復に備えること、㈡戦後増強されるはずの、東洋における西洋列強の兵力に対抗すること、㈢朝鮮を直接に保護すること、㈣敗戦後の清国を西洋列強の圧力から保護することなどであった。

このような羯南の考えは、戦争の終了後もしばらくの間は変わらなかったのではないかと思われる。しかし、右にみたような政界や言論界の状況を目の当たりにすると、この保守的な国民主義者は、それを「政論の激変」（社説題名、九五年七月二九日）ととらえ、その後におこなわれた戦後経営の名による軍備大拡張にたいして、厳しい反対の態度をとることになる。

羯南によると、国権は軍備だけに基づくものではない、軍備は国務の一端にすぎず、「外政の周到と内政の整理」を待って、初めて実効をあげることができる（「軍備拡張論者」九六年一〇月七―八日）。ところが戦後経営は、軍事力だけを一面的に重視し、軍事以外の行政や産業、交通、貿易など、国力を構成する他の要素との調和を無視している。このような軍備拡張は国力不相応であるから、いざという場合には役に立たない可能性が大きい。「財政の余裕を伴わざる大軍備は、むしろ非常準備の資を有する小軍備にしかざるを思うのみ」（「東洋近勢と軍備」九七年一二月五日）。

またこの軍備は国力不相応で急激なものであるから、完成する以前に中絶し、善後策として「民力休養論」を呼び起こすことは目にみえている。「内治を不整理に放擲しての軍備拡張は、尻抜けの拡張にして、その拡張すら恐らく中折するに至らんのみ」（「軍備拡張論者」九六年一〇月七―八日）。「戦後経営にもまた善後策を要す。戦後経営の善後策は、それ民力休養と国憲擁護との二者に在らんか」（「戦後経営の善後策」九六年四月六日、戦後経営が間接税、多数の貧しい民衆に負担を強いる間接税の増徴によっておこなわれることにたいする批判については、第二節で述べる）。

羯南は、戦後経営の名のもとに推し進められる軍備の大増強にたいして、このようにさまざまな側面から繰り返し批判をおこなっているが、この批判の核心となっていたのは、軍備の拡張が軍事力のみに着目し、国力に不相応な形で急激に実行されることにあったとみて間違いない。

「吾輩は軍の不要を言う者にあらず。ただ国権は、独り軍備のみに寄らざる事を信ずるあるのみ。従って今日の政界が軍備問題の面前に何事をも犠牲として、かつ座拝するを怪しむ」（「軍備拡張論者」）

「膨張的日本と叫ぶものは、軍備拡張のほかに、そもそも何の計策かある。軍事のみ拡張し得たればとて、日本の勢力ただちに膨張すべきにあらざるは勿論、軍備拡張そのものの実効を挙げんと欲せば、他百般の拡張また伴わざるべからず。これ順序および調和の必要なり」(「拡張論の裏面㈠」九七年八月八日)

戦後経営の名による軍備拡張にたいする羯南の批判は、伊藤内閣の外交上の失敗にたいする責任の追及と表裏の関係にあった。日清講和条約を巡って、伊藤内閣は露独仏による三国干渉を招いただけではなく、その干渉を受け入れて遼東半島を清国へ還付した。これは、重大な国威の失墜である。さらに、伊藤内閣は戦後における朝鮮経営に失敗し、一八九六年二月に朝鮮国王と世子がロシア公使館に潜入するまでに、朝鮮にたいする勢力をロシアに奪われてしまった。これは日清戦争の終了後一年もたたないうちに、戦争の目的そのものを喪失したことにほかならない。

ところが伊藤内閣は、そのような外交上の失敗の原因は軍事力の不足にあるとして、その責任をとろうとはしない。そうした態度は、戦後経営において国力に不相応な大軍備を急激に拡張しようとする態度と、根が同じだからである。

軍備大増強にたいする羯南の批判は、「軍人政治」にたいする批判を展開させる。この「軍人政治」という言葉が、実際に使われはじめるのは、一八九八年一二月四日の「国務阻滞の原因」や、九九年二月一一日の「憲法十年紀」からであるが、「軍人政治」にたいする批判そのものは、それ以前からはじまっていた。

「軍人政治」とは、国政の上で軍部が優越した地位を占め、軍事的な顧慮が最も優先されるような政治体制をいう。羯南によると、政府が国力不相応の軍備を、しかも急激に増強しようとするのは、「軍人政治」に原因があり、かつ「軍人政治」を一層促進する。「その施設および言動の不順序不調子に観てこれを総括商量するときは、拡張論の裏面はただ武門武士の財源を豊裕にして、もって帝国内別に一種族の権威を張るにあらんのみ」（「拡張論の裏面」㈢九七年八月一一日）。「今の軍備計画は真面目にあらず。軍備の拡張と称すといえども、その実はただ武権の拡張のみ」（「軍備緊粛の解（再び）」九七年一二月二〇日）。

羯南は、軍部が跋扈する日本の政治的状況をこのように厳しい目でみていたが、「軍人政治」を支える国政上の制度、たとえば軍部大臣武官制とか、参謀総長の制度などにたいする批判については第二節で取りあげる。また、「軍人政治」の重要な一面を構成する帝国主義的、軍国主義的な対外政策にたいする批判については第四節で詳しく述べる。

これまで、日清戦争後の羯南が軍備増強にたいして鋭く反対したことを述べてきたが、羯南は海軍の拡張については、陸軍の場合とは、やや異なった考えを持っていたようである。そこで誤解をさけるために、最後にその点について簡単に説明をしておくことにする。

一八九六年九月一八日に、第二次伊藤内閣に代わって第二次松方内閣（松隈内閣）が成立すると、羯南は戦後経営の修正を期待して、この内閣に、ある程度の支援的な態度をとった。これには、個人的に親しい関係にあった高橋健三が内閣書記官長に、神鞭知常が法制局長官に就任したことも、その背景となっていたと考えられる。

こうして、その年一〇月から一一月にかけて、羯南は八回にわたって「いかにして冀望《きぼう》を実にせんか」という要望をおこなっている。その第八回（一一月一四日）には、「今や世界の形勢とわが国の位地とは、こもごも我が海軍拡張の已むべからざるを促せり」という言葉があった。しかし羯南は、この一連の論文ではこれ以上詳しいことを述べていないし、その後に海軍の拡張を積極的に主張した形跡もない。

ただ、「伊藤内閣は……海国に似合わしからざる過大の陸軍大拡張を企て」（「昨今の日露協商」九八年四月二三日）といった言葉は、羯南が書いた社説に繰り返しでてくる。またやや後の「航海業と海軍」（〇二年六月一四日）では、羯南は「国富発達論者」を自称しながら、「軍備拡張は国富発達論者の反対せし所なりといえども、しかも反対の鋒はもっぱら陸軍拡張に向かいて、海軍拡張には向かわざりき。何となれば海外にたいして国富の発達を図らんがためには、海軍の拡張また必要なきにあらざればなり」と回顧している。

しかしこの「航海業と海軍」は、海軍拡張よりも海運業や造船業を奨励することが急務であると説いたものである。この一九〇二年末に、桂内閣が議会に提出した日清戦争後第三期の海軍拡張案にたいしては、羯南は反対の態度をとっている。

第二節　自由主義的側面の効用

戦後経営にたいする批判とともに、もともと羯南の思想のうちに含まれていた立憲主義的ないし自由主義的な傾向が、前面に押しだされてくる。Ⅲ「蘇峰の平民主義と羯南の国民主義」において、私は「羯南の保守的な国民主義の思想のうちには、伝統主義的、国体論的ともいうべき傾向と、立憲主義的、自由主義的ともいうべき傾向とが存在し、両者がせめぎ合いながら、時に応じて一方が前面にでていた」と述べた。日清戦争までは、いずれかといえば前者の傾向が強くでていたのにたいして、日清戦争後には後者の傾向が強くでてくることになる。日清戦争後には、政界でも言論界でも、政府がおこなう急激な軍備拡張を支持するものが多かった。自由党のような政党すらが、軍備拡張を積極的に支持するだけではなくて、民力休養を説く人々を「国賊」と罵るような状況になった。

羯南は、このような動向を「国家主義の濫用」(社説題名、九六年三月二三日)ととらえ、その国家主義を次のように批判している。彼らは何事につけても、国家、国家と叫ぶが、その「いわゆる国家は『人民』を取り除きての国家」である。その「いわゆる国家主義というは政府の権勢を尚ぶ」というものである、「ゆえに適当の名称を与うれば、これ『政府主義』にして、しこうして国家主義にはあらず」。

このような国家主義の誤った理解に反対して、羯南は次のように論じている。「ここにおいて真の国家主義を抱く者は、それが匡済者として人民の休戚をもっぱら講究し、世のいわゆる個人主義をも、再び呼び起こすの必要あるを見る、また自然の趨勢なり」。このように真の国家主義を自称している点で、羯南の思想は日清戦争前と何の変わりもない。しかし状況の変化に応じて、国家の利害や休戚ではなくて、個人の自由や権利の観念が前面に押しだされてきたわけである。

このため、この時期になると「個人的自由の堕落」（社説題名、九六年七月七日）や、「個人的元気の喪亡」（社説題名、一九〇〇年五月二〇日）というように、個人の自由や権利の観念が衰退したことを嘆きながら、その回復を訴える文章が繰り返し現れる。たとえば後者の冒頭には、次のような文章がある。

「国の発達は個人の発達に伴うものとすれば、個人の利益および権利を発達せしめざる限りは、国の発達また望むべからざること勿論のみ。今や我が日本において憲法および法律の大《おおい》に備われるにもかかわらず、個人の利益は毎《つね》に侵蝕せられ、個人の権利は毎に圧縮せらるることあるを見れば、帝国の発達が実際上すこぶる遅緩なることまた甚だ怪しむに足らざるなり。国家の名においてせば、いかなる負担をも甘んじ、またいかなる牽制をも甘んずることは、忠順なる日本民族の特性というべきも、いわゆる忠順の結果や、個人の不発達となり、従って国の発達を遅緩ならしむるに至りては、これ決して今日の世に慶すべきの事にあらず。およそ政論の大本は国家と個人との平準を定むるにほかならず。個人ありて国家なきは真の国にあらざる如く、国家ありて個人なき、また真の国というべからず。立憲制なるものは、『国家と個人』の関係を明規して相侵さしめざるを主とす。今やこの憲政を運用するに当たりて、政府もしくは議会が、専ら国家の一方に重きを置くときは、独り憲政の本義に違うのみならず、また国家の発達を害せん」

個人と国家、個人の自由と国家の権力との関係について、平準を定めるのは立憲主義ないし自由主義であるという観念は、必ずしも新しいものではなくて、たとえば一八九〇年の「自由主義如何」にすでにでていた。しかしここでは、かつてとは逆に、個人の自由や権利を拡張することが強調されている。

日清日露戦間期の羯南は、ほぼ一貫して政党内閣を実現することを主張した。歴代の内閣で羯南がもっとも強く支持したのは、憲政党を基礎とした第一次大隈内閣であった。この内閣に代わって第二次山県内閣が成立する一八九八年一一月以後になると、立憲政治（憲法政治）を、狭義の立憲政治（憲法政治）と、議会政治ないし政党政治に区別し、この議会政治を推進しようとする態度がはっきりとでてくる。

この当時に立憲政治といっていたのは、世界的にそうであったように、君主制を前提とし君主の権力に法的な枠をはめた立憲君主制（〈limited monarchy〉）であった。このうちの狭義の立憲政治とは、ドイツ流の立憲政治であり、「憲法政治を解釈して単に憲法に率由するの政治と解釈」する。この制度では、内閣は主権者（君主）の意志に従って運営され、議会は内閣にたいする単なる諮詢の府にすぎない。

これにたいして議会政治とは、イギリス流の立憲政治であり「憲法政治を世論政治なりと解釈」する。この制度では、議会とくに下院が尊重され、内閣は必ず下院の多数に従って進退するべきものとされる（「政党界の将来」（再）九九年四月二日など）。

羯南によると、この議会政治の観念は、聖人君主は「民の心をもって自らの心とする」という伝統的思想に合致しており、必ずしも原理的に新しいものではない。「聖主は民の心をもって心となすものなるにより、聖代の内閣は世論の府と一致せざるべからず。これ憲法をまってはじめて然るにあらず。生民ありて以来の政理なり」（「憲政党の名実」九八年一一月二九日）。

しかしそれはともあれ、ドイツ流の立憲政治にたいしてイギリス流の議会政治が対置されたことは、ドイツをモデルとする藩閥官僚政治が完全に否定され、世論に基づく議会政治、政党政治が推奨されたことにほかならない。ただ一言付け加えると、羯南はこの議会政治の推進と関連して、明治憲法の改正を考えたことはなかったようにみえる。つまり、憲法の規定を変えなくても議会政治を実現できると考えていたようである。

日清戦争後において羯南が、自由党系の政党よりも進歩党系の政党を一貫して強く支持していたのは、この議会政治の観念と関係がある。後者の方が主義に基づく政党という性格をはっきりと持っていたからである。

また、この時期の羯南が日清戦争前とはむしろ逆に、挙国一致の観念を否定し、主義に基づく党派の争いが必要であることを一貫して強調したのも、この点と関係がある。「挙国一致ということは近年の流行語なれども、人の思想は各々その傾向あり。敵軍境に迫るの場合を除くほかは、政界もとより挙国一致の有り得べきにあらず」、「挙国一致を唱えんよりは、むしろ主義ある党争を望まん」（「政界漫言」(上)、九八年一月一七日）。

羯南によると、挙国一致は「朝野の政客をして主義の争いを棄てて利益の争いに専らならしめ」る（「朝野政界の紛離」一九〇〇年六月一〇日）ことによって、政界の腐敗をもたらすものでもあった。

藩閥的な官僚政治を打破し議会政治を実現するために、羯南は政党の奮起を促すだけでなく、いくつかの重要な制度改革を提案している。その一つは、強固な藩閥的な官僚組織に風穴をあけるために、猟官的な方法を活用して、いわば政治的な官僚の更迭を積極的におこなうということであった。

一八九六年九月に、第二次伊藤内閣に代わって、進歩党と提携した第二次松方内閣が成立すると、羯南は、すでに述べたような事情で「いかにして冀望を実にせんか」という一連の論文を発表した。そのなかで、まず提案した改革案の一つがこれであった。

羯南によれば、政務官と事務官を区別し、事務官は内閣の交代とは関係なく存続させる制度は、通常の場合には従うべき制度である、しかし日本の場合には、議会政治ないし政党政治に反対する藩閥的な官僚精神が、役人の世界に深く浸透しており、現にそうした精神に基づいて新内閣の成立を阻止しようとしたり、成立した内閣に反抗的な態度をとる役人がいる。内閣の政策の実行を効果的にするためばかりではなくて、そうした「政治的な官僚」を消滅させるためにも、その積極的な更迭が必要である(「いかにして冀望を実にせんか」(二)　九六年一〇月三〇日)。

羯南のこうした提案の趣旨は、松方内閣が成立してから半年あまり後に書かれた「いわゆる改革の啓端」(九七年四月四―五日)という社説の一節にも、よくでている。羯南にとって、藩閥政府は一つの「私党」にすぎず、天皇や国家を代表するものではなかった。

「吾輩は必ずしも新分子をもって旧分子に優るべしとなす者にはあらずといえども、新旧更代の間に必ず宿弊の除かるべきは、吾輩の信じて疑わざるところなり。吾輩は必ずしも猟官の有様を吉兆とは認めず、なかんずく行政部内に政党臭味の侵入することは吾輩の厭うところなれども、私党余孽《よげつ》の延蔓する今の行政部内を蕩掃せんためには、勢い政党臭味の注入をもってせざるを得ず」

一八九八年六月に自由党と進歩党が合同して憲政党が組織され、それを基礎として日本における最初の政党的内閣である第一次大隈内閣が成立すると、羯南は、歴代の内閣のなかではもっとも強く支持するが、その成立のときにも、松隈内閣の成立のときよりも一層強い調子で猟官制の活用を説いている。

この内閣の崩壊後に成立する第二次山県内閣が、政党による猟官を阻止するために文官任用令を改正して、勅任官についても任用資格に制限を設けると同時に、新たに文官分限令と文官懲戒令を制定して役人の身分保障を強化すると、羯南は、文官制度にかんする三勅令は、議会政治、政党内閣制を破壊しようとする「非議院政治の宣言」にほかならないと批判している（「任官の新制限（非議院政治の宣言）」一九九年三月三〇日）。

藩閥的な政治組織を打破しようとする改革案の第二は、軍部大臣の武官制を廃止するということである。この提案も、松隈内閣の成立直後にだされているが、その主たる論拠となっていたのは、軍人は政治家に必要な国務全般に関する知識がなく、もっぱら軍事に関心を注ぐために、軍備拡張一点張りになって他の国務との均衡を阻害するという点にあった。

「一国の実力には限りあり。国家の政務また軍事のみならず、従って力を軍事の一端にのみ専らにするを得ず。すなわちこの国力の程度に稽《かんが》え、諸政の均衡に察し、さらに中外の安危に参じて、しこうして国防を戒飭《かいちょく》し整備する、これ陸海軍大臣たる政事家の任となす。しこうして今日の将官大臣にこの政事家たる知識を具うる人いくばくあるや。

ただこの政事家たる知識なし、ゆえにその看る所はあたかも馬車馬と一般なり、軍備拡張、軍備拡張、国家の能事はただ軍備拡張の一天張りにてよく済《ととの》うべしと為し、これを望んで突進するの一途あるのみ」(「いかにして冀望を実にせんか」㈥　九六年一一月八日)

しかしいうまでもなく、軍部大臣武官制廃止の主張は、軍事を他の国務と調和させることをねらいとするだけでなくて、軍国主義的・専制的な「軍人政治」を打破することを企図していた。松隈内閣が崩壊して第三次伊藤内閣が成立するさいにも、羯南は「外に戦伐を事とし内に武断を主とする」政治を否定するという立場にたって、次のように説いている。

「陸海軍両省の当局者を、必ず現役将官に限るとするの悪習を改めよ。露国独国のごときをのぞけば、かかる習慣を存する者なし。英に見よ、仏に見よ、武勲軍職なき者も陸海軍の省に長たり」(「新内閣を組織せんとする者に誨《おし》ゆ」　九八年一月八日)

ここで羯南は、陸海軍両大臣を現役の将官に限る「悪習」といっている。確かにそれ以前から、そういう慣習が継続していたが、この時期には、官制の上では陸海軍の両大臣は現役の将官に限るという規定がなかっただけではなくて、現役の武官に限るという規定も存在しなかった。陸海軍の大臣は現役の大・中将に限るという規定は、一八九九年五月に第二次山県内閣のもとで作られたが、羯南らの改革の提案が、むしろその原因となっていた（井上清「軍部の形成」『日本の軍国主義』第三巻所収参照）。

第三次伊藤内閣に代わる憲政党内閣が、天皇の命を受けた桂陸相と西郷海相の留任によってかろうじて成立すると、羯南は「おもむろに観察せば、政府の一大要部はたしかに政党以外に超然としてなお藩閥の手にあり。陸軍大臣および海軍大臣の留任というは、憲政党の内閣というに差し支えなしとするか」（「憲政党の前途」九八年七月三日）と論じていた。

これと関連して注目しておきたいことは、羯南が、たんに大臣だけでなくて陸海軍省の行政官もできるだけ文官を採用すべきだ、という考えを持っていたふしがあることである。「いかにして冀望を実にせんか」のなかで、海軍のことを取りあげた㈧（九六年一一月一四日）には、「行政各部におけるいわゆる武官制を廃し、必要やむを得ざる者を除くのほかは、文官をもって行政事務に任ぜしめなば、現在の将校にして、より多くの甲板士官を得て、拡張の海軍を運用するを得べし」という文章がある。

この文章は、海軍の拡張に伴う士官の不足を補うために、海軍省の行政官を文官にせよと説いたものである。しかし海軍省の行政官に、文官を積極的に登用することについて、羯南が何らの抵抗感を持っていなかったことだけは明らかである。

一八九七年六月二八日の「時務偶感」には、次のような言葉がある。「軍備拡張の結果は、文武をして権衡を失わしめ、財政上より見るも、国庫の収入はその大半を武門に吸収せられざるべからず。陸軍海軍の両省はその行政を挙げて軍人の手に托するや久し。軍人をして行政に当らしむるを得ば、願わくば各省をことごとくに軍人に兼ねしめん。明治の御代を元亀天正〔戦国時代の最盛期の年号である〕の昔に復するが如きも、財政の上よりせばむしろ策の得たるものなり」。

日清戦争後の戦後経営期には、軍事費が毎年ほぼ予算の四割以上を占め、一八九八年度には五一・二パーセントで、文字通り半ばを超えていた。右の文章は、このような現実を単に皮肉ったものにすぎないが、武官が陸海軍省の行政官となる制度を、羯南が否定的にみていたことだけは確かである。

陸海軍大臣現役将官制の批判と関連して、さらに注目するべきことは、参謀総長が政治的に無責任な地位にいながら、国政を左右するような重大な政治的決定をおこなう権限を与えられていることにたいして、羯南が国政の統一性を破壊するものとして強い危惧を抱いていたことである。

羯南によると、明治維新以来の歴史的な由来からして、わが国では文官よりも軍人が勢力を持ち、内閣制度成立後の内閣も、必ず山県有朋や西郷従道の「内援を懇請」して交代する状況にある。しかも官制上やその他の理由で、軍人の世界では参謀総長が陸海軍大臣の上に位置している。

参謀総長の職権は「国防計画および用兵に関する条規を策案し、親裁の後軍令に属するものはこれを陸軍大臣に移し奉行せしむ」となっている。この国防計画は陸軍の防備だけでなくて、海軍の防備をも含む。またそれは、外交政策はもちろん、鉄道、港湾、道路、運河といった内政上のさまざまな施策とも関連しているから、内治と外政の全体を覆っている。

このような国防計画の策定をおこなう参謀総長は、国政を統括するべき内閣総理大臣にたいして何ら責任を負わないばかりか、逆に内閣の方が、国防計画の実施に責任を負う立場にある。これは国政上由々しき問題といわなければならない。一八九九年五月一四日の「参謀総長の更任」と五月一六日の「参謀総長と政府」で、羯南はこのように説いている。

ただ、この参謀総長の制度については、羯南はどのように改革すべきかという具体的な提案をおこなっていない。しかし「参謀総長と政府」のなかの次のような文章を読めば、羯南が日本の政治体制の致命的な問題点にたいし、どのように鋭い関心を払っていたかということがわかる。

「それ文武の政は一途に出づべきもの、いま武政の根本すなわち国防計画は、もっぱら参謀本部より出で、しこうして政府はただ奉行するに過ぎずとなし、陸海軍に関する国務は、もっぱら参謀総長の計画に基づきて、しこうして内閣首相はただ責任を負うものとなす。……かくては内閣首相ただ文政の総理たるに過ぎざるがゆえに、参謀総長は自ら武政府の総理たるを免れず。しかもこの参謀総長、毎《つね》に政事に関与せざる官職なりと目せらるゝは、吾輩の甚だ怪しむ所、世人また一考して奇異の感を作すべきなり」

藩閥「軍人政治」および官僚政治の批判と関連して、最後にふれておきたいのは、日清日露の戦間期に、羯南が一貫して増税に強く反対していたことである。増税に反対する羯南の主要な論拠は、乱暴粗雑な戦後経営＝軍備大増強を縮小させなければ、財政が破綻するという点にあった。

日清戦争後における三次の増税のうちもっとも巨額であった第二次の増税は、第二次山県内閣のもとで実行されるが、この内閣が成立して間もない時期に書かれた「非増税の精神」(九八年一二月三日)の冒頭には、次のような文章がある。

「いまや非増税論の理由とする所は一にして足らず。あるいは曰く、増税その時期を得ずと、あるいは曰く、増税その種類を選べと、あるいは曰く、増税その賦課を誤ると、あるいは曰く、民力もはやその負担に耐えずと、またあるいは曰く、歳出の膨張は国富と相い沿わずと、なおまたあるいは曰く、戦後の経営すでに粗濫に失し増税もって財政を整理するに足らずと。以上数者の理由は皆聴くべきものあり、しかも非増税の精神は最後の理由にあり、すなわちいわゆる戦後経営の粗濫より来たれる不足は経営を改修するの外なし、これ非増税論のよりて起れる精神なりとす」

羯南の増税反対論は、同時に粗雑乱暴な軍備拡張を推進する「軍人政治」すなわち軍閥専制政治の基礎を打破することをねらっていた。伊藤内閣がはじめた軍備増強計画を「緊縮」すると期待して、羯南は松方内閣を支持したが、同内閣は一八九七年度の予算については就任後間もないことを理由として整理を実行しなかった。ところが一八九八年度の予算では、軍備増強計画を遂行するために生ずる歳入の不足を補うという理由で、増税案を提出するにいたった。これを機として、羯南は松方内閣にたいする支援を撤回するが、そのさいに次のように論じている。

「軍政の信ずべからざるや久し。軍備拡張の賛すべからざるや、また今日に始まらず。とくに武断専制的臭味の放置すべからざるや、吾輩の宿論なり。今日にあり、軍備拡張に賛成するは武断専制に賛成するものにして、別言すれば、藩閥種族の根柢を培養するものなり」（「軍政と議会」下、九七年一一月二三日）

一八九八年六月に、第三次伊藤内閣の増税案に反対して、民党が合同し憲政党が成立したさいには、羯南は三回にわたって「非藩閥連盟」を連載してその成立を祝ったが、そのなかで次のように説いている。

「非増税は非藩閥なり。藩閥を非として増税を非とせざるは、火を滅せんと欲して油を注ぐなり。非藩閥の運動は今日ただ非増税運動あるのみ。諸政党の大合同は非藩閥連盟にして、この連盟の始めて成れるは非増税運動に由れるものとせば、連盟の前途もまた非増税を離るべからず。非増税を離れては藩閥政府をたおすの策なく、政党内閣を見るの期なく、従って大合同大連盟の存立すべきいわれなし」

この文章を読むと、帝国憲法のもとで議会が藩閥政治、藩閥「軍人政治」にたいし、もっとも有効な批判をおこなうことができるのは、租税の増徴を否決することであるという点を羯南がはっきりと認識し、政党にたいして、その権限を適切に行使するように訴えていたことがわかる。

増税批判と関連して注目しておきたいことの一つは、この時期の羯南が政府による濫費の抑制に立憲政治の重要な効果を求めていたことである。もちろんこうした考えは、日清戦争以前には全くみられなかったというわけではない。しかしその時期には、いずれかといえば民党の民力休養、政費節減論にたいして批判的な態度をとっていたといわなければならない。

ところが日清戦争後になると、政府が政費の増加に努めるのは自然の傾向であるから、「反政府党の任務は主として経費の増加を拒否するにほかならず」として、「理由なくこれを拒否せざるは、むしろ理由なくこれを拒否するに如かず、何となれば拒否そのことは、政府の濫費を牽制するに効あればなり」とすら説いている（「反政府党の本分」九九年二月七日）。

この反面では、議会が予算および増税を議決する権力を持つ立憲政治のもとでは、人民の代表である議会が政府の提案を簡単に承認する場合には、人民の不満が回避できるために政府はこの上もない有利な地位に立つことになるとして、政党の奮起を促している。「議会はもとより、予算および税法を議定するの権あるも、この権や、これを行使するの如何によりて、むしろ政府の利器となり、しこうして人民またその利害を訴うるに途なからんとするなり」（「憲法十年紀」九九年二月一一日）。

増税反対論と関連してもう一つ注意しておきたい点は、戦後経営が、主として多数の民衆の負担を増加する仕方で推進されることに、羯南が強い批判を抱いていただけではなくて、それが貧富の不平等を拡大することによって、下層の民衆の不満を爆発させる可能性を高めることに、深い危惧を感じていた点である。

周知のように、日清戦争後の増税は、酒造税や葉タバコ専売益金など大衆課税の増徴を中心としていたが、羯南にとって、戦後経営は最下層の民衆の唯一の娯楽である酒やタバコの消費を抑制してまで遂行する緊急性があるかどうか疑問であった（「財政私議」㈠　九六年一月二九日）。

それればかりではない。近代の国家は「あまりある者に取りてもって不足者を恤救す」るべきものである――これは国家についての羯南の基本的な考えの一つであるといってよい――にもかかわらず、戦後経営の今は「不足者に取りてもって利禄を有余者に与え、しこうしてその結果の如何を顧みず、曰く、国権国利を進めんがためには内部の不均を意とするに足らずと」といった状況である。こうした状況が続くならば、「この経営いまだその成功の半ばに達せざるに、国家必ず内部に一大苦情を惹起すに至るべし。一大苦情とは他にあらず、社会改造の必要を叫ぶことこれなり。現にこの問題は、社会の裏面に伏在せり」。

第二次伊藤内閣のもとで、日清戦争後の第一次増税が実現されようとしていた一八九六年一月に書かれた「隠伏せる大問題（戦後経営者は予見を要す）」で、羯南はすでにこのように論じていたが、第二次山県内閣の成立後間もない一八九八年一二月の「既定歳出は神聖か（歳出を査せずに増税を議するか）」では、「軍備の競争は際限あることなし、しこうして人民の膏血は窮極あり。窮極あるの膏血をもって際限なきの軍備に供す、その結果や智者をまたずして知るべきのみ」「戦後経営成るの日は、人民膏血涸るるの日ならん。ここにいたらば東洋の多事も支那分割も顧みるにいとまなく、大兵巨艦は帝国の海陸に健在して、パンを呼ぶの声を敵の喊声と聞き誤るの日あらんもまた知るべからず」と説いている。

一九〇五年九月に日露講和条約に反対して起こった、いわゆる日比谷焼打ちから、一九一八年八月以後に猛威を振るった米騒動までの間に、時々現れた都市の民衆騒動は、羯南が予見していたのとは別のものであったのであろうか。

こうして戦後経営の批判とともに、羯南は自己の思想のうちにあった立憲主義的、自由主義的な傾向を前面に押しだすことになった。それにつれて日清戦争後の政治的状況のなかで、羯南は相対的にもっとも自由主義的、ないし議会主義的といってよいような立場にたつことになった。

もっとも、国家神道の重視とか、家族道徳の尊重といった面では、羯南は日清戦争前と同じ、伝統主義的ないし保守主義的な立場を維持していた。しかし日清戦争後には、かつてのように国体論をかざして政治的な「敵」を攻撃することはなくなった。

これは、その必要がなくなったからだといえなくもないが、それだけではない。憲政党内閣のもとで尾崎文相のいわゆる共和演説事件が起こったさいには、羯南は、立憲君主制はもともと共和制の要素を君主制のなかに取り入れたものであると論じながら、尾崎の演説を攻撃するものを、逆に「御幣担ぎ派」と批判している(「政界の変態」九八年一〇月二九日)。

日清戦争後に登場する日本主義者、竹内楠三や木村鷹太郎ら大日本協会の機関誌『日本主義』は、一二月号の時評「腐敗偽善新聞『日本』」で、羯南のこの社説を激しく非難攻撃し、国粋派であった『日本』新聞が「進歩党の御用新聞と腐敗変性したることは、知る人ぞ知る」と論じていた。

これは、尾崎の共和演説がおこなわれてから、ちょうど一週間後の一八九八年八月三〇日に掲載された記事であるから、羯南の「政界の変態」がでる、ちょうど二か月前のものであるが、『国民新聞』の一面に載った「文相演説事件」という記事は、「ここに不審とするは、平生乱臣賊子呼ばわりをもって得意とする『日本』が、ひとりこの事件にたいして珍しくも沈黙して啞の如くなる一事にぞある」と皮肉っている。憲政党にたいして敵対的であった『国民新聞』も、『日本』新聞は進歩党系の人々にたいし好意的であるから沈黙を守っている、と受け取ったようである。

第三節　過去の発言についての弁明

日清戦争後の陸羯南は、日本の政治状況において自己の位置が変化したことを、はっきりと自覚していたが、この変化と関連して読者にたいして繰り返し、かつての発言について、弁明ないし自己批判をおこなっていた。このような弁明は、発言がめまぐるしく変化する明治の言論人において、かなり珍しいことであった。

日清戦争が終わった一八九五年一二月に、羯南は「政界の趨勢を観て新自由論の発生を促す」という注目するべき社説を発表している。そのはじめに羯南は、近代保守主義の父ともいうべき英国の政治家エドマンド・バーク(一七二九—九七年)を引き合いにだしながら、自己のいわば発言方向の変化について次のように論じている。

バークは、ジョージ三世治世の前期には、王権の回復を志す国王の「専横的王政」に反対して自由を主張したが、フランス革命が起こると、これを「歴史の沿革を切断して空想を事実にせんと欲する所の破壊主義」の所産ととらえて、真っ向から反対した。

バークのこうした変化を主義の変化とみるものがいるが、決してそうではない。「バルクは前年において王権に逆抗するが如き自由論を唱え、後日にいたりて民権を鎮圧するが如き保守説を唱う。浅見の徒は視て前後矛盾と見なしてこれを咎むるも、バルクが後に保守説を固執せしは、対岸地の革命的気焔の移り来たりて英国固有の文物を破壊すべきを慮りてなり」。「およそ政論壇上に立つ者は、時の政弊を匡《ただ》すの目的において、その論鋒を変更する可なり。論鋒の変更はこれ主義の変更にあらず」。

ところで、今わが国近時の政界の動向を振り返ると、一八九〇年の議会開設当時には、「民間の諸党派は多年の希望を一挙に達せんと擬し、いわゆる世論怒潮を駆りて政府の内墻《うちがき》をも浸し、内閣をして城下の盟を為さしむるに終わりき。けだし自由主義の政界に実勢を得たるはこの時より甚だしきは莫《な》」いという状況であった。「当時識者が切にその弊の及ぶ所を予見して、あるいは保守説に近き言論を作したるは、もとその主義の保守的に偏せしが故にあらずして、時弊の匡済を主とせしのみ」。

ところが一八九二年の終わりにはじまった第四議会で、自由党が伊藤内閣と意思を通じ合うようになって以来、政府はようやく専横な態度をとり、日清戦争の直前には議会の解散を二回続けておこなったばかりか、日清戦争後の現在は、天皇大権に藉口して三国干渉にたいする責任の追及を抑えつけようとしている。しかも、自由党も政府と結託して、民論を屈従させようとしている。

「この現状に対しては、先に保守論を唱えて民党の専横を抑えんと擬せしバルクも、今はさらに自由論を唱えざるべからず」。「吾輩は主義の変更を非とする者なれども、立説の変更をば、その時勢の如何にみてむしろ正当とする者なり」。「この故に、吾輩は世の識者に告ぐ。戦争まさにやみ外交まさに退き、政府が域内に向かいての威権ますます旺盛を極めんとする今日に当たりては、特に自由主義者と自称する尨然党が権門勢家と結託して事実上保守的言動を敢えてする今日に当たりては、新自由論の発生もっとも必要なり。吾輩は新自由論を主唱するに躊躇せざるものなり。これ時勢の必要に応ずるもの、もとより強いて時勢に逆らうが為にはあらず」

「政界の趨勢を観て新自由論の発生を促す」はこのように論じているが、日清戦争後の羯南は、時勢の変動による自己の発言方向の変化について、一般的な形で弁明するだけにとどまらず、かつてのさまざまな状況のもとで自身がなぜそのような態度をとったかということについて、折にふれて反省的な発言をおこなっている。

この時期の社説にも、『日本』新聞の創刊当時と同じように、何が必要であるかということを明らかにするために、歴史的な由来、ないし変遷を取りあげた社説が広くみられる。たとえば一八九六年七月に九回にわたって連載した「吾が立憲政記略」では、一八八〇年代から日清戦争までの間の、政府と民党との関係の変遷を追跡している。また一八九七年一一月に三回にわたって連載した「軍政と議会（当局者及政党派の変遷）」では、第一議会から戦後経営までの間における、軍備の拡張をめぐる政府と議会の態度の変化を跡づけている。これらの文章では、その時々に羯南がとった態度とその理由を、時には自己批判を込めて説明している。

短い方の「軍政と議会」から、二、三の例を挙げてみよう。まず第一議会の当時に、民党が「民力休養」「政費節減」を掲げて政府に肉薄したのにたいして、羯南は、これを国民の一致を乱すものとみなして激しく阻止しようとした。その行為について、藩閥政府の評価が甘すぎたとして次のように反省している。

「吾輩、今当時を回顧すれば、一の大誤解を犯したることは、これを自白せざるを得ず。なんぞや、かれ藩閥専横家らが憲法発布に献替せしことは、敢えて前非を懺悔せしにあらず。しかるに、吾輩がその憲法発布

式をもって藩閥化脱式と為したるは、まことに大誤解に属すること、今日に至りてますます明らかなり」（上）

また第四議会（一八九二年一一月末―九三年二月末）において、伊藤首相にたいし途中まで好意的態度を取っていたにもかかわらず、その議会の終わりになって伊藤首相と藩閥政府そのものにたいし敵対するに到ったことについて、羯南は次のように述べている。

当時自分は、「藩閥部内にも文武両派の不統一あるを知り、国の一致を図らんためには、まず藩閥の武断専制臭味を退くるのもっとも急要なるを認め」ていた（上）。このため、伊藤首相が民党の要求を入れて地価修正案を議会に提出し、貴族院の予算委員会が地価修正を行わず、地価修正で得るはずの収入を国防費に廻せと提案したのにたいして、首相が軍事費はすでに歳出の三分の一に達しているから、これ以上増加するのは不可であると答弁したのに接すると、「吾輩は内閣のこの政策に不同意なりしも（当時の羯南は貴族院予算委員会と同じ意見であった）、武断専制的臭味の消退を喜びしのあまり、この内閣こそあるいは立憲政の正道を行くに庶幾《ちか》からめと思い、第四期の議会にもまた、いささか民党の進攻に反対して官民の和協を主張しつつ、国民的一致を図らんと擬したりき」（中）。

しかしこの態度は、第四議会の終わりに転換する。「二六年ごろの伊藤内閣は、一面においてしきりに立憲的を装いしも、他の一面には極端の武断専制的臭味をとどめて、もって閣外勢力の進攻に対せり。理窮し勢屈するに及べば、すなわち至尊の詔勅を奏請して、わずかに一時の塗糊を得たるが如き、また一の専制臭味なり。吾輩はここにおいて藩閥政府の扶くべからざるを知り、第四期議会の終わりより全く態度を変じて、いわゆる民党と共にせんことを決し、もって第五期議会に向かいたり」(中)。

最後に、これは軍備増強と増税を阻止しようとする「軍政と議会」の執筆の意図と直接に関わることであるが、それまで支持してきた松方内閣にたいし、なぜ敵対せざるを得なくなったかという説明をみておこう(この点は、前節でも触れたが繰り返すことにする)。

「吾輩が現内閣を援けんとしたる所以の第一は、松方氏の財政に老練なる、必ず前内閣の軍備計画を収縮すべしと信じたればなり。第十議会は就任、日なお浅きをもって整理の暇なしといい、さらに本年の会期を約し、わずかに貴族院の予算会議を切り抜けたるに、三一年度の予算またその事なきのみならず、かえって増税案を提出せんとす。事ここに至り、吾輩また現内閣に同情を完うするあたわずして、筆鋒を逆にせざるを得ず」(下)

もちろんこうした羯南の自己批判については、現在の立場からみればいくらでもその甘さを指摘できるであろう。またすぐ後でみるように、日清戦争後の一時期に、羯南は国際平和を強調して帝国主義＝軍国主義を批判するようになるが、日露の風雲が高まると、この面を簡単に捨て去っていく。にもかかわらず、こうした対外論の面における変動については、後になってから何の弁明ないし自己批判もおこなっていない。羯南の弁明は、内政面における、かつての発言に限定されている。それにしても、羯南のこうした態度は、発言内容がめまぐるしく変化する明治の言論界においては、まことに珍しいことであったといってよかろう。

第四節　帝国主義＝軍国主義批判

日清戦争後の一時期に、もう少し具体的にいうと第二次松方内閣が崩壊する一八九七年の終わりごろから、ロシアが満州（中国の東北地方）より撤退せず、日露関係が緊迫する一九〇三年のはじめごろまでの時期に、羯南は帝国主義ないし軍国主義にたいして、精力的に批判を展開した。これには次のような、性格が異なるいくつかの事情が背景になっていたと考えられる。

その第一は、一八九七年一〇月に、すでに述べたような事情で松隈内閣にたいする支持を打ち切ったことである。これによって羯南は、自己の発言に手加減を加える必要がなくなり、藩閥政府の「軍人政治」と官僚政治にたいして批判を徹底することになったのである。

第二は、日清戦争当時から羯南が抱いていた、北守南進という対外方針が破綻したことである。日清戦争の最中から、羯南は、将来には日本は華南を含む南方に向かって発展していくのが「自然」であるという考えを持っていた。さしあたりは、貿易や移民が考えられていたにすぎないが、日本の侵出は、その地域に大きな勢力を持つ英国の利害と対立する危険があった。そのため、戦後に予想される清国の復讐に備える上からも、日本はロシアと協調していく必要があると考えていた。

この北守南進論の基礎には、朝鮮や満州など北方の地域は寒さが厳しく経済的発展の可能性が小さいだけではなくて、そもそも南方から北方へ侵出することは地政学的にみて不可能であるという思想があった。またそれは、日清戦争によって清国から切り離して日本の影響下においた朝鮮をその状態のままで、日露の利害を調整できるという考えを前提にしていた。

羯南が、ロシアの南下についてこのような甘い判断――この点はその後の現実が明らかにした――をくだした背後には、いくつかの理由があった。その一つは、極東において英露が対立を続けている状況のもとで、日本がイギリスに対立してロシアに協調的な態度をとるならば、ロシアもそれに応じて日本にたいし相応の態度をとるであろう、と羯南が期待していたらしいことである。

その二は、日本がロシアなど三国の要求を受け入れて、旅順と大連を清国に返還した以上、ロシアなども清国から旅順、大連を獲取しないという道義的な責任を日本にたいし負っている、と羯南が考えていたことである。

その三は、羯南がもともと英国にたいして、強い不信感を持っていたことである。これには、アヘン戦争の歴史とか、東洋に多数滞在する英国人の挙動などがその原因となっていた。このような、イギリスにたいする不信が、ロシアにたいする態度を甘くしたと考えられる。

日本は、日清戦争によって清国の勢力を朝鮮から追いだしたが、それは逆にロシアの勢力を急速に朝鮮へ浸透させる結果となった。一八九五年八月には、井上馨が朝鮮の内政改革に失敗して公使を辞任したが、その一〇月には三浦梧楼公使を黒幕とする一団が、朝鮮の王妃閔妃を殺害し、さらに翌一八九六年二月には朝鮮の国王と世子がロシア公使館に避難するという事件が起こった。

これらの事件を通じて、朝鮮にたいする日本の勢力は、ほぼ完全にロシアに取って代わられた。朝鮮を日本の勢力のもとにおいたままで、ロシアと協調できるという羯南の北守南進論の前提は、日清戦争後一年もたたないうちに完全に崩壊したわけである。

第三は、西洋列強が清国沿岸の要港を、次々と租借したことである。この動きは、一八九七年夏ごろからはじまり、一一月にドイツが宣教師の殺害を口実として膠州湾を占領したことによって具体化した。翌一八九八年三月に、ドイツは膠州湾を、ロシアは旅順、大連を租借した。さらにその七月にイギリスは威海衛を、一一月にフランスは広州湾を租借した。

日本にたいして旅順、大連を清国に返還するよう要求したロシアが、三年もたたないうちに他ならない旅順、大連を租借したことは、羯南だけではなくて日本人全体に、権力政治の現実を今更ながらに思い知らせた。これ以後、ロシアにたいする羯南の態度は日清戦争直後とは、まさに逆になる。

しかも欧州列強が、それぞれ清国の要港を租借したことは、かねて警戒していた列強による清国の分割がはじまったものとして激しい衝撃を与えた。羯南からみると、日清戦争後に、日本は国力不相応な、無理な軍備拡張をおこなってきた。にもかかわらず日本は朝鮮にたいする勢力を失ってしまった。そのうえ、欧州列強が中国沿岸の要港を租借するのを阻止できなかっただけではなくて、それにたいして抗議すらおこなうことができないような状態である。そうであるならば、国力が破綻する危険を冒してまで、軍備の増強をおこなう必要がいったいどこにあったのか――恐らく、このような「悲鳴」とでもいうべき考えが羯南をとらえ、それが「帝国主義」ないし軍国主義にたいする批判を展開させることになったのではないかと思われる。

一八九八年一月に、二回にわたって連載した「政界漫言」では、戦後経営と共に日本の国家体制が、内政における武断主義と外政における拓疆主義に向かって、重大な変化を遂げたとして、戦後経営にたいし根本的な批判をおこなっている。

「いわゆる戦後大経営は、世これを尋常視するも、おもむろにこれを考察せば、これ一種の政変なり、中外の政を根柢より変革するの謂なり。外政は平和的より転じて攻戦となり、内政は文治的より転じて武断となる、これ一大政変にあらずして何ぞや。藩閥政府の徒与は久しく国家主義を言い、また開国主義を言う。しかも彼なお同時に文明政治を非とすることを敢えてせざりし。戦後大経営の名義のもとには、その国家主義はいよいよ武断に傾き、その開国主義は明らかに拓疆を意味す」

「政界漫言」は、このように戦後経営を批判しながら、「内治に自由平等を認むるもの、必ず外政に平和を認めざるべからず。もし外政に拓疆主義の態度を取らば、必然の結果として内治は圧政に傾く」と説いている。

その数か月のちの一八九八年五月に発表した「対外思想の革新（進歩党及自由党に告ぐ）」では、羯南は、まもなく合同して憲政党を組織しようとしていた両党にたいして、一方では弱肉強食という観念を否定すると共に、他方では軍事力だけを一面的に強調する態度を捨てて対外思想の革新を実現することを要望している。

「いやしくも文明国民をもって自任し、進歩主義または自由主義を取ると自称する以上は、その藩閥種族の後塵を追いて独露の流儀を欽仰すべきにあらず。弱の肉は強の食なり、外交の基礎は国力に在りとの粗末なる思想は、この際において宜しく革新すべきのみ。正義自由均等平和博愛を旗幟として、人道のために対外言動を敢為するものは、今日の政界において進歩党および自由党の責任なり」

一八九八年四月に、ロシア皇帝ニコライ二世が世界各国の軍備制限を目的とした国際平和会議の開催を提唱した。その波紋が伝わってきた同年九月に、羯南は五回にわたって「露帝と平和」を連載し、日本がこの会議に積極的に参加することを主張した。

その論文のはじめの方で羯南は、清国から旅順・大連を、いわば強奪して間もないロシア皇帝のこのような提議にたいして、疑心暗鬼を抱く世人に向かって次のように説いている。「世人は虎狼国と目せらるる露国の発議なるが故にこれを怪しむも、吾輩はこれに反してその露国の発議なるが故に、むしろ歓びてこれを迎えんとす。世人は弱肉強食の時代なる今日なるが故にこれを疑うも、吾輩かえって今日の時勢なるが故に、進みてこれに賛同せんことを欲す。それ世界的平和の計画は、静穏無事の日にこれを提議するの必要なく、攻勢的軍備の廃止は弱国の口より出でて信を得べきにあらざるなり」。

次いで羯南は、軍事制限が当時に提起されたことは、歴史的にみて決して偶然ではないとして、その理由をいくつか挙げている。その第一は、貿易と交通の発達が「知らず識らずの間に世界的利益の連帯を造り」、世界平和の価値を高めているということである。この貿易と交通は、強兵のもとは富国にあるという考えに従って展開してきたが、貿易と交通が発達すると、安易に兵力を動かすことが不可能となるのである。

第二は、フランス大革命の賜物として、欧州大陸の国々が立憲化したことによって、それ以前には単なる理論にとどまっていた世界平和の思想が、現実的な意義を持つようになったことである。一九世紀になると、内における民権自由の説と、外にたいする人道平和の論が次第に発展してきた。国際公法では、今なお戦争が最後の手段として認められているが、戦時における負傷者取り扱い条約にみられるように、人道平和の観念が次第に高まってきた。

第三は、世界各国とも、現に軍備に莫大な費用を費やしていることである。その費用は、直接的な軍事費だけではなくて、軍事公債の利子や、労働力が軍事に奪われたことによる損失などを加えると莫大な金額となる。そのために各国とも財政が窮乏し、社会党や虚無党が興隆する危険に曝されている。

《だが政客軍人の多くは有事を好み、また彼らにへつらって次のような説をとなえるものもいる》

その一つは、世界の人口は増加の一途をたどっている、人口の増加は社会にさまざまな禍害をもたらすが戦争は人口の増加を緩和する、というものである。

その二は、太平無事は社会を道徳的に腐敗させるが、戦争はこの腐敗を防ぐ防腐剤であるというものである。

その三は、戦争は野蛮未開の人民を文明に導くもっとも重要な方策であるから、もし戦争がなければ文明は普及しなくなる、というものである。

これらの説には、「一毫の真理なきにあらざるも、要するにそのエジプトがナイル川の洪水によりて豊沃なるを称するのたぐいのみ」。つまり洪水そのものの禍害は度外視して、土地が豊かになるという結果だけを取りあげて、洪水を賛美するような説で根拠があるものとはいえないというわけである。

軍備制限のための国際平和会議を開催せよというニコライ二世の提議を機として、羯南はこのように論じながら、「世界平和の確立は将来の希望にして、また現時の趨勢たり」と説いている。もちろん世界平和の将来にたいして、羯南はそれほど楽観的であったのではない。むしろ現実の厳しさについての自覚が、このような主張をさせたといったほうがよい。この点は「吾人は、むしろ提議そのものの、すでにいくばくの価値あるをみとめ、必ずしもその実行し得べきや否やを問うに遑《いとま》あらざるなり」という、第一回末尾の言葉からも明らかである。

一八九九年三月二四日の『国民新聞』に、徳富蘇峰は「帝国主義の真意」という社説を発表し、次のように説きながら帝国主義を主張した。「帝国主義は、㈠侵略主義にあらず、㈡排他主義にあらず、独占主義にあらず、㈢武権独尊主義にあらず、㈣浪費主義にあらず、㈤平和的膨張主義なり、壟断にあらざる意味においての膨張主義なり。貿易をもって、生産をもって、交通をもって、植民をもって、一国の利益を拡充し、民族の発達を期するなり」（要点を抜粋した）。

この社説は、その当時に「日本主義」を旗印としていた高山樗牛が、同じ九九年三月号の雑誌『太陽』に掲載した「帝国主義と植民」などと共に、「帝国主義」という言葉を題名に使って、それを主張したもっとも早い論文であった註（樗牛は竹内楠三や木村鷹太郎らの大日本協会に属していたが、自身の論文は、その機関誌『日本主義』に寄稿せず、総合雑誌である『太陽』に発表していた）。

註　蘇峰が一八九八年九月一日に発表した「吾人の主張」という社説には、「吾人は外にむかいては帝国主義《インペリアリズム》を主張し、内においては自由寛裕《リベラリズム》の政策を主張し……」という言葉があった。蘇峰が「変節」という非難をうけて、『国民之友』など三誌は発行不能となり、名目上は『国民新聞』に合併されることになった。「吾人の主張」はこの機会に発表した重要な社説であるが、帝国主義についてそれ以上のことは述べていなかった。

蘇峰の「帝国主義の真意」が発表されると、羯南は翌日の『日本』新聞に「帝国主義の解(国民記者の説を読む)」を掲載して、その批判をおこなった。

「吾輩の信ずるところによれば、帝国主義は尚武主義と兄弟の関係ありて、貿易・生産・交通・殖民など、みな国旗の揮《あ》まねぐに従う、これ帝国主義の特色なり。故に帝国主義は、もと弱肉強食なる国際状態を常理視して起こるもの、武力これ権力ちょう〔という〕往古の原則を今日の国際政局に応用するものなり」

ところが蘇峰は、帝国主義と異なるものを帝国主義だといって世人を帝国主義に賛成させ、実際には政治がおこなっている帝国主義を推し進めようとしている。「これまことにアングロサクソン人種の特色にして、国民記者また或いは私淑するか」。

これを読むと、この時点では、帝国主義とは国際社会においては弱肉強食が常態であり、力こそが正義であるという原則に立って、軍事力により国家の勢力を対外的に拡張しようとする政策である、と羯南は理解していたといってよいだろう。

このようにいうことは、欧米列強の海外への侵出が、一定の発展段階に達した資本主義の経済的な必要と結びついていることを、羯南が知らなかったということではない。一八九〇年八月に発表した「国是問題」をみてもわかるように、羯南はその点を早くから認識していた。

にもかかわらず、「帝国主義の解」の数日前に発表した「内地の全解放（独り支那朝鮮のみを見るなかれ）」（九九年三月二一日）でも、羯南は野心のある帝王、宰相が国人多数の利益を第二において、東亜の海陸に威権を張らんとする欧州諸国の「帝国主義」と、政府以外の、その人民や集団がおこなう経済的な浸透を区別して、次のように論じている。

「かれ欧米人等がその郷国に充溢せる資本および積堆せる製品を処理せんと欲して、遠く海外に販路および利殖の途を求め、本国の政府を促して、彼ら自身の権利または便益を東亜の諸地に進めしむることは、その侵略的政策と同一視すべきにあらず。

支那または朝鮮の海陸にたいする欧米列国の挙動は、一面において野心的外政たるも、他の一面には全くその国人の経済的必要より促さるるものにして、毫も非難すべきの点あらず」

ただこのようにいうことは、政府と結びつかない欧米人の経済的な進出が進出先の人民と地域を従属させることを、羯南が否定していたということではない。政治権力と結びつかない個人や集団の経済的な活動は、布教やその他の文化的活動と同じように、巨大な政治的な結果をもたらすことは、羯南が、その主著の一つである「国際論」（九三年）ですでに指摘し、警戒するよう呼びかけていたことである。

「内地の全解放」でも、先の文章に続いて次のように述べている。「すなわち非難すべきの点はあらずといえども、しかも支那または朝鮮のためには、自ら劣敗の危険なきを得ざるものにして、たとえ他の一面における野心的挙動は功を奏せずとするも、かれ清人韓人はついに金融上および商業上、外国人の奴隷とならん。従って東亜の大陸は事実上また支那および朝鮮の領分たる能わざらんとす」。

しかもこの社説は、「内地の全解放（独り支那朝鮮のみを見るなかれ）」という題名が示すように、第一次の条約改正によって日本が公権を恢復するのと引き替えに内地を全面的に開放し、いわゆる内地雑居を実施するに当たって、欧米人の浸透を警戒するよう説いたものにほかならない。

それにもかかわらず羯南が、政府とは結びつかない個人や集団の経済的な浸透を「非難すべきの点あらず」として、それと政府の行動としての帝国主義とをはっきりと区別するのは、羯南の批判の焦点となっていたのが、日本の帝国主義、つまり経済力の不足を軍事力によって補い、軍事力によって経済的な利益を獲得すると称しつつ、国力不相応な過大な軍備を増強し、国の経済的な破綻をもたらす日本の帝国主義にあったからである。

このように軍事力によって経済的な利益を獲得することを、もっとも強く主張していたのが、他ならないこの時期の徳富蘇峰であった。一九〇一年一月六日に『国民新聞』に掲載した「二十世紀の特色」では、蘇峰は次のように論じている。

「従来の戦争は、戦争のために戦争をなしぬ。すなわち戦争の結果は、概して勝者敗者ともに損失にてありき。十九世紀の過半に至りては、商売が一種の戦争となりたるが如く、戦争もまた一種の商売となりおわりぬ。換言すれば兵と商とは、全然同体異面のものとなりぬ。英人が南阿を征するや、無慮十億円を費やしぬ。されどその獲物の金剛石礦は、七十億円に上るの予算にあらずや。普国が嗹馬《デンマーク》を伐ち、墺国を伐ち、仏国を伐ち、七箇年の間に、第四流国より一躍して、第一流国となりたるの実を見よ。誰か戦争を不経済というや。敗者においてはもちろん不経済なり。ただ勝者に取りては、それだけ大いなる利益なり」

蘇峰のこのような発言の重要な基礎となっていたのは、ほぼ二億円の戦費を使って清国から三億五千万円という償金を獲得した日清戦争の経験であった。戦争が儲かるものだという観念をもたらしたという意味で、日清戦争はその後の日本の歴史に重大な影響を残したといってよいだろう。

戦争が経済的な利益をもたらすという説を、羯南が直接に批判した例を思いつかないが（これは、批判するまでもないと考えていたのであろう）、経済力の不足を軍事力によって補い、軍事力によって経済的な利益を獲得しようとする説にたいしては、羯南は繰り返し批判をおこなっている。

一九〇〇年一月に発表した「大勢小観」は、ボーア戦争を戦う英国を念頭に置いたものであるが、そのなかには次のような言葉がある。

「いわゆる国民の実力とは、兵の精鋭衆多をいうにあらずして、むしろ財の富裕にあり。師団幾十ありて軍艦幾百ありといえども、その国民の財富これが後援を為すにあらざれば、真の強国にあらざるなり」

「いにしえは兵強うして、しこうして国を富ます者あり、今は国富むにあらざれば兵を強うするあたわず。いわゆる軍備拡張は兵を強うするの形あるに相違なしといえども、富力のこれに沿うものあらずんば、拡張したる軍備また実用をなすあたわず。いやしくも国民の富力にして健全ならんか、兵力は時に臨み変に応じて自ら進動せん」

一九〇二年一〇月に、欧米漫遊から帰国した元大蔵大臣渡辺国武――日清戦争終了後間もない一八九五年八月に軍備増強をある程度抑制しようとしていた松方正義に代わって大蔵大臣となり、軍備大増強をおこなった当の渡辺国武――が、日本の現状について「国権的勢力範囲の発展と経済的勢力範囲の発展と、二者つねに相隔離して相随伴せず、戦勝ちてしこうして国ますます危うく、兵強うしてしこうして民いよいよ貧し」（羯南の文による）という反省をおこなったと伝えられると、羯南は「兵強く国貧し」を書いて次のように説いた。

「強兵をもって富国の本と為すことは、いわゆる強者の権なるもの当然視せらるる時代のこと、すなわち兵力によりて他国の財利を横奪し、もしくは金帛を強求し得る場合において、もっとも明白の例を見る。……いまや然らず。……強兵は如何にして富国の本となるや、この疑問にたいする答弁は、ただ他国の暴を防ぐというのみ。これ強兵は富国の本にあらずして、ただ国富を擁護するというに過ぎず」

「要するに、今日政界の急は、その強兵を富国の本とする論を打破するより急なるは莫《な》し。国権の発展をもって国富発展の前駆となしたることは昨日の夢にして、渡辺子が言うごとく、戦勝ちて国ますます危うく、兵強うしてしこうして民ますます貧しきは、これ目前の事実にあらずや」

羯南の帝国主義批判は、このように、経済力の不足を軍事力によって補い、軍事力によって経済的な利益を獲得しようとして、国力不相応な過大な軍備の拡張をおこなう日本の帝国主義にたいする批判であった。現在における言葉の用法からいうと、それは帝国主義批判というよりは、むしろ軍国主義批判といった方がよいだろう。

羯南自身も、一九〇〇年三月に発表した「国是談（帝国主義＝軍国主義の価値）」では、一年前の「帝国主義の解」とは、ややニュアンスが異なった次のような見解を述べている。英国で発達した帝国主義は、日本では「帝国版図の拡大」、つまり、領土拡張主義の意味で用いられている。この主義と「形影の関係をなして相伴うものは軍国主義にして、こは、むしろドイツもしくはロシアに範を取る。軍国主義は形にして帝国主義はその影なり、しかも世人はただ影を見てその実体たる形の如何を見るなきに似たり」。

「それ今の国是は称して帝国主義に在りという、帝国主義とは版図の拡大を意味すとせば、これまた今日の国情において万全と言い難し。しかりといえども、人口の増殖は移住を必要とし、工業の発達は販路の開拓を必要とする点において、必ずしも非難すべきにあらず。如何にせん、今のいわゆる帝国主義はむしろ軍国主義に傾くものありて、国是もまた軍国主義にあることを」

この論文では、副題が示すように「帝国主義＝軍国主義」としている。しかし微妙ないい方ではあるが、悪いのは軍国主義であって、軍国主義と結びつかないような帝国主義つまり国家の勢力の対外的な拡張は、必ずしも悪くはないといっているようにみえる。

一九〇二年四月に、二回にわたって連載した「国の内展および外伸」になると、国家の対外的発展そのものが悪いのではなくて、経済的な発展に裏打ちされないような日本の対外的な発展、つまり軍事力中心の対外的な勢力の膨張が問題なのだということを、一層明確に主張している。

「国として外伸を期するは、少なくとも今世の一流行たり。流行は即ち趨勢にして、趨勢の逆らうべからざるを知れば、その『帝国主義』の講釈を聴くに及ばずして、国の対外的伸張のやむべからざるをも知るにたれり。列国相競いて支那大陸にその利益線を伸べ、その勢力圏を広む、我れひとりこの趨勢に逆らうが如きは、もとより得べきにあらず」

「今日我が国論の専ら外伸に傾注するは、もと国際の趨勢に駆られ、すなわち流行に遅れじとの念慮に出づ、必ずしも内地富源の汲み尽くされたるに因るにあらず、故に経済上の常理に照らせば、今の外伸論はほとんど病的たるを免れず」

それればかりではない。右の社説の数か月前の一九〇一年一一月に、二回にわたって連載した「自由主義の必要」では、羯南は、西洋の国々、特に英国では「国家がみだりに侵蝕したる領分を個人の手に恢復せん」とする自由主義が、経済的な発展を実現することを通じて、国の勢力の対外的な拡張を可能にしたとして次のように説いている。

「英国の如きは、内に自由主義を取りて、しこうして外に帝国主義を取る者、即ち人民は内に相い食むことを為さずして外に競争し、政府は内に用ゆるの力を省きてこれを外に専用する、これみな自営自治の精神に富むの致すところ。日本はこれに反し、政府は限りあるの能力を以てみだりに国内の世話を焼くことを好み、人民は自営自治に慣れずして何事も政府に依頼するの風あり。ここにおいて政府の力は外に伸びるなく、従って政府の力の及ばざるところに人民またその力を伸ばす能わず。官民ともに島国内に齷齪《あくせく》して、国運日に窮蹙《きゅうしゅく》するに至らんとす。自由主義の真味を知らざる結果、しこうして支那人にも及ばざるゆえん」

この社説では、当時に徳富蘇峰や竹越与三郎らが盛んに受け売りした「内において自由主義、外に向かって帝国主義」という英国で流行していた観念が、肯定的に紹介されている。その場合、蘇峰などでは、その言葉によって日本の帝国主義、軍国主義を推進することが意図されているのにたいして、羯南では、日本の帝国主義を批判することが意図されている点を見落としてはならない。

しかし、日本の国力が対外的に発展しないのは、内において自由主義が実現されていないからだといわれていることは確かである。いいかえるならば、羯南の帝国主義＝軍国主義の批判は、経済力に裏打ちされない軍事力中心の日本の帝国主義を、英国のような帝国主義に近づけたいという、現在の私たちには予想もできないようなものであったことがわかる。

そうであるからといって、羯南の批判が、幸徳秋水の名著『廿世紀之怪物帝国主義』にたいして、一定の先駆的な意義を持つことを否定する必要はないし、両者の間に、ある程度の思想的な共通性があったことを見逃してはならないであろう。

周知のように明治の社会主義は、「非戦論」ないし日本の軍事的膨張主義にたいする批判に主要な特徴があり、またそこに、もっとも重要な歴史的な意義があった。その意味で秋水が、一九〇一年四月に出版した『廿世紀之怪物帝国主義』は、明治の社会主義を代表するもっとも重要な著作であり、同じ秋水が一九〇三年に出版した『社会主義神髄』よりも、はるかに創造性が高かったといってよい。

この書物で秋水は、「帝国主義は、いわゆる愛国心を経となし、いわゆる軍国主義を緯となして、もって織りなせるの政策」と規定している。このうちの愛国心とは、秋水によると国民的利己心ともいうべき

「動物的天性《アニマルインスティンクト》」であり、他国を憎悪する心「外国外人の討伐をもって栄誉とする好戦の心」である。

この愛国心は、他国にたいする憎悪の反面として国民の団結と親睦を説くが、それは「国家および国民全体の利益幸福を希《ねが》う」ものではないし、国民内部の「同胞」意識を養うものでもない。このようにして秋水においては、愛国心ないし、このようにいい直してもいいと思うが、ナショナリズムは、対外的にも対内的にも平等と博愛を踏みにじるものとして完全に否定される。

この場合秋水が、個人の自由平等の観念と結びついたナショナリズムとそうでないナショナリズム、国際的な相互性を含むナショナリズムとそうでないナショナリズムとを区別することなしに、ナショナリズムないし愛国心を全面的に否定していることには問題がある。しかし当時における、日本の愛国心ないしナショナリズムのあり方が、秋水にそれを全面的に否定させたといってよいだろう。

この、いわゆる愛国心の否定という点で、秋水と羯南との間には決定的な断絶がある。保守的国民主義者羯南にとって、愛国心を否定することは許し難いことであった。秋水においては、この愛国心ないしナショナリズムの全面的な否定によって、帝国主義批判が徹底することになる。この意味は、すぐ後で明らかにする。

しかし軍国主義の批判という点では、戦争賛美論や軍隊教育期待論にたいする批判をも含めて、秋水には羯南を超えるものは、ほとんど何もなかったように思われる。帝国主義を推進するものを、名誉欲と野心のある専制政治家や功名を好む冒険家、あるいは私利を追う資本家に求める点でも、秋水は羯南と似ている。ただ、私利を追う資本家を政治家や軍人と並べて挙げている点は新しいといってよいかもしれない。

この点と関連して一言すると、秋水の師中江兆民が一八八七年に出版した有名な『三酔人経綸問答』では、戦争の原因は功名を好み武威を喜ぶような、いわば時代遅れの君主や大臣、将軍にあるとされていた。

さらに帝国主義を、軍事的な侵略主義の面に焦点を置いてとらえ、帝国主義国による後進国にたいする経済的な収奪について目を向けない点（井上清『日本帝国主義の形成』参照）や、日本の帝国主義において軍事力の拡大が優先され、経済的な発展がむしろ阻害されることを次のように衝いている点などでも、秋水は羯南と類似している。

「翻って我日本の経済に見よ、更にこれよりも甚だし。我日本は武力を有せり。もって国旗を海外に建てるを得べし。しかも我国民はこの国旗の下に投下すべき幾何の資本を有せりや、この市場に出すべき幾何の商品を製造するを得るや。領土一たび拡張す、武人はますます跋扈せん、政費はますます増加せん、資本はますます欠乏し生産はますます萎靡すべし。我日本にして帝国主義を持して進まんか、その結果や、ただかくの如くならんのみ。

欧米諸国の帝国主義は、口を資本の饒多と生産に過剰におくも、日本の経済事情は全くこれと相反す。欧米諸国が大帝国の建設は、その腐敗と零落に向かって進むや論なしといえども、しかもなおあるいは若干年間、その国旗の虚栄を誇ることを得べし、我日本に至っては、その建設せる帝国をあによく一日だも維持することを得んや。しかもみだりに多数の軍隊と戦艦とを擁して呼んで曰く、帝国主義なるかなと。我日本帝国主義者の愚や、まことに及ぶべからず」

このなかで秋水は、欧米の帝国主義もやがて崩壊すると説いている。秋水においては、愛国心の否定によって帝国主義の批判が徹底したと私が先に述べたのは、この点を指している。このような視点は羯南にはなかった。羯南の批判は、どこまでも日本の帝国主義＝軍国主義の批判であった。しかし、経済力に裏打ちされない日本の帝国主義を批判している点では、秋水は羯南と共通している。日本帝国主義の現実が、秋水の批判に、羯南との共通面をもたらしたといってよいだろう。

この秋水は、一八九九年一一月から一九〇三年八月までの間に、十数回にわたって雑誌『日本人』に寄稿している。この時期の『日本人』は、三宅雪嶺が主催するようになっていたが、それとともに『日本』新聞との関係は、以前にも増して親密となっていた。

雪嶺は論説記者の一人として、『日本』新聞の論説（社説とは区別されており署名入りであった）を担当していたが、一九〇二年四月から翌〇三年六月にかけて雪嶺が世界漫遊をした折りには、羯南が『日本人』の社説（無署名）をしばしば執筆していた。

これは、日露戦争後の一九〇六年のことであるが、羯南が病気になったために新聞が人手に渡ると、まもなく元からの社員は、ほぼ全員が日本新聞社から去った。雑誌『日本人』が一九〇七年一月から『日本及日本人』と改称するのは、このような事情を背景としていた。

第五節　欧州列強との勢力均衡の保持

これまでみてきたように、日清戦争後の一時期に羯南は、戦後経営の名による軍備増強にたいする批判と関連して、帝国主義＝軍国主義にたいする批判を展開した。ところがこの時期においても、欧州列強が清国へ侵出してきたことが伝えられると、欧州列強との勢力の均衡を保つために、日本も中国に勢力を扶植する必要があると主張し続けた。

一八九七年の終わりから欧州列強が清国沿岸の要港を略取しはじめ、翌九八年三月にドイツが膠州湾を、ロシアが遼東半島を租借すると、その四月に日本は清国にたいし福建省の不割譲を約束させた。この事実が明らかになると、羯南は、次のような理由を挙げてそれを批判している(「無政策の自証(福建不譲与の約束について)」一九八年五月一日)。

第一、福建の不割譲を約束させると、日本に必要ができて台湾の対岸を割譲させようとしてもできなくなる。

第二、福建のみの不割譲を約束させることは、欧州列強が浙江や江蘇の租借をすることには異論がないというのに等しい。

第三、清国に福建の不割譲を約束させても、日本と西洋列強との間の勢力の均衡を保つことはできない。

第四、今、福建の不割譲を約束させることは、ドイツが膠州湾を、ロシアが遼東半島を租借したことを、日本が承認したというのに等しい。

翌一八九九年の春に、イタリアが清国にたいして浙江省の三門湾の租借を要求したと伝えられると、羯南は「第二流の強国」イタリアにすら機先を制せられるのは何事だとして、次のように論じている。「今や我が政府〔第二次山県内閣を指す〕は、閣中に四大将を有し、帝国主義・尚武主義を叫びつつ細民の膏血を絞りて軍備の大拡張を遂行し、しこうしてそのイタリーにすら機先を制せらる。軍備はただ軍人の威福を張るが目的にあらざる以上は、少なくともイタリー政事家の後に落ちざらんことを欲するなり」(「イタリーの挙動(我が軍備拡張論者恥ざるや)」九九年三月一四日)。

そのしばらくのちに、ドイツが宣教師の殺害を理由として山東省の沂州に出兵したことを知ると、羯南は「今日はもはや一、二の省に不割譲を約せしむるが如き、空文の策を要せず、直に実行上の計を求めて、有効に対清の態度を定めざるべからざるなり。吾輩あえて急劇に入兵論を主張するものにあらずといえども、戦後経営の結果として内地に有り余れる軍隊を有する今日なれば、これを対支那に利用する、また一策ならずや」と述べながら、清国の南部に拠点を獲得することを説いている(「南方支那と外国駐兵」九九年四月七日)。

右に挙げた社説が掲載されたのは、羯南が「帝国主義の解(国民記者の説を読む)」(三月二五日)を発表して徳富蘇峰の帝国主義論を批判していた、まさに前後のことになる。羯南にとって日本の帝国主義、軍国主義を批判することと、日本が欧州列強と勢力の均衡を保つために中国へ侵出することとは、必ずしも矛盾することではなかったようである。

一九〇〇年六月に、清国において義和団事変がはじまった。この事変の開始当時には、羯南は、西洋列強ほど責任のない日本が清国に大兵を派遣することにたいし、消極的な姿勢を取り、外交官や居留民を保護する上で必要なだけの兵力をだすように説いていた。

しかし、この事変を機にロシアが事実上満州を占領したことが明らかになると、羯南はさまざまな角度から、日本が拡大した軍備を活用してロシアにたいし強硬な態度を取ることを主張し続けた。一九〇〇年九月下旬に発表した「いわゆる東亜の危機」では、羯南は次のように論じている。

「吾輩はもとより、その戦後の経営ちょう〔という〕ものを是認せざりし者なり。その軍備大拡張を主眼とする積極論・膨張論をも是認せざりし者なり。是認せざりしといえども、すでに実行せられて国家の設備となれる今日は、せめてはこの設備に相応する外交上の進為あらしめて、もって欠損を補わんことをねがう」

また、同じ九月下旬の「軍国主義結果（伊藤党の内閣と外交進為）」では、羯南は次のように説いている。

「戦後の日本は正式的に軍国主義の国となり、欧米列国をして、誤解ながらも『ナション・ミリテール』と目せしめ、その東亜における兵力を増さしめ、武装的平和の風を極東に移さしめたるの罪は、伊藤大勲位および当時の党与にあり。しかりといえども、既往は今これを咎むるも益なし、かくも軍国主義の国となりたる日本は、今日において如何にその主義の貫徹を期すべきか、いうまでもなく外交上進為の方針を取るのみ」

さらに一九〇〇年一〇月中旬に発表した「軍備拡張党の責任（伊藤内閣に向いてあらかじめ希望す）」では、政友会を基礎とした第四次伊藤内閣の成立にあたって羯南は次のように主張している。

「軍備拡張は国利国権を擁護し、かつ増進せんがために外ならざるのみ。東亜大陸に事変の起こる毎に、他強国の前駆となりて猟犬の役目を取らんことは、国民が軍備拡張に幾多の犠牲を供したる当初の意にあらず。軍備拡張党の意は、我が軍隊をしていたずらに他強国の猟犬たらしむるに満足するか、しからずんば、宜しく速やかに内閣の後任につきて、軍備拡張の真目的を達すべし。国民はこの拡張せる陸海軍備を永く不生産的に存留することを好まず、軍備拡張党もまた国民のこの心を諒として今日の好機会に乗じ、もってそのかつて国民に宣言したる当初の志を行わざるべからず」

これらの文章を読むと、羯南がそれまでの軍国主義にたいする批判を捨ててしまったのでないことはわかる。しかし、拡大した軍事力という既成事実をそのまま承認して、それを活用しようとしていることは明らかである。国民主義者羯南にとって、これ以外の選択はなかったのであろう。

一九〇一年一月になると、羯南は二回にわたって「拡大軍備の始末」を発表し、「戦争の害はすなわち害なること勿論なれども、これを戦争なきにいたずらに永く大軍備を養いおくの害に比すれば、その害たるやむしろ少なきに近からんか」と論じながら、満州を占領して清国の保全と朝鮮の安全を脅かすロシアにたいして、日本が断固たる措置をとるように主張している。

この時に、羯南が開戦に踏み切る覚悟をしていたかどうかということは明らかではない。しかし、ロシアが満州から第二期撤兵の約束を履行しなかったことが明らかとなったしばらくのちの、一九〇三年五月二〇日号の

『日本人』に掲載した「ロシアと戦うの利害（社会腐敗の救治策として）」では、羯南はロシアとの戦争が不可避であると判断するに至っている。

この文章の冒頭で、羯南は「戦争は文明の基」というモルトケの言葉を引用したのち、戦争は「過度の人工繁殖を抑制する一種の緩和剤」であり、その意味で「平和のもと」であるとか、「戦争は社会の腐敗を矯正するにおいて大効あり」という戦争賛美論を肯定的に紹介している。

「戦争は必ずしも凶事にあらず」といった言葉は、たとえば日清戦争中の一八九四年八月に発表した「戦争の規模」に、すでにでていた。また一八九八年九月の「露帝と平和」のなかで、戦争讃美論を批判した箇所にも、この説に「一毫の真理なきにあらざるも」という断り書きがついていた。しかしこの「ロシアと戦うの利害」では、戦争にたいする評価が「露帝と平和」とは、完全に逆転している。

羯南によると、戦争は社会の腐敗を救済する方法、特に軍隊の腐敗を救済する唯一の方法である。日清戦争で日本が簡単に清国に勝った結果として、「将驕り兵惰り、朝野を挙げてにわかに戦勝に酔い、いわゆる膨張主義は朝野を通じて一般の間に行わるるに至り、しかる後上下の腐敗たちまちこれに従いぬ」。

しかも、「我が戦後に拡張せる軍隊は、久しく平和のるつぼ中にありて醗酵されたるもの、ために言うべからざる腐敗を醸生し、しこうして腐敗の度は年を経るに従うてますます甚だしきを致し、さらにひいて社会全般の腐敗をも幇助するに至らんとするもののごとし」。

社会の腐敗を救済する方法は、戦争だけとは限らない。しかし社会の腐敗の源泉である軍隊の腐敗を救済するには、戦争がもっとも有効な方法であると「ロシアと戦うの利害」は論じている。

この文章には、社会の腐敗、軍隊の腐敗という道徳的な非難が前面にでている。それでいて、その腐敗の実情が、必ずしも具体的に明らかにされていない点が気になる。しかし徳富蘇峰が、兵営に忠君愛国という国民教育の学校という役割を期待していた（『時務一家言』）のとは対照的に、この保守的な国民主義者は、軍隊を社会の道徳的腐敗の源泉ととらえていたことは注意をひく。この時点でも、帝国の陸海軍にたいして距離をおく羯南の姿勢は、変わっていないといってよいかもしれない。

しかしこの文章では、皮肉なことにも、軍隊の腐敗を救済することが戦争を開始する最大の根拠とされている。この理由付けは、平和を説き軍国主義を批判してきたそれまでの態度と、日露開戦の主張とを結びつけるもっとも無理の少ないものとして、意識的に選んだものであろうか。対外論における八方破れともいうべき羯南の発言からみると、私にはそれほど計算されたものとは思われない。

この時点で羯南が、即時戦争を開くことを決意していたかどうかはわからない。また軍隊の腐敗を救済するという理由は、羯南が日露開戦を主張した真の理由とも考えられない。しかしこのあとの六月中旬に、三宅雪嶺とは入れ替わりに、羯南は世界漫遊の途に上り米国を経て欧州に向かい、ロシア、北欧を含むヨーロッパ諸国を巡遊して、日露開戦直前の一九〇四年一月下旬に帰国した。そのため、その間に羯南が書いた新聞の社説は存在しない。

しかし『日本』新聞は、ロシアの満州占領は朝鮮の独立を危うくし、ひいて日本の独立を脅かすこと、時期が遷延すればするほど彼我の勢力関係がロシアに有利になることという二つの理由を挙げて、一九〇三年一〇月ごろから日露開戦を主張し続けることになる。

第六節　日露戦争下の対外的発言

日露戦争当時とくに開戦当初の時期に、羯南がもっとも関心を注いだのは、西洋諸国とくに英国や米国の人々が、ロシアよりも日本にたいして同情を持つように仕向けることであった。このために羯南は、ロシアの国家体制が専制政治と侵略政策の結合の上に成り立っていることを繰り返し指摘し、戦争を「文明なる欧州と野蛮なる東洋との交戦」ととらえるのではなくて、「黄色人の立憲国と白色人の野蛮国との交戦」ととらえるべきだと主張している。

「我が国は東洋各国に超絶して、文明の程度に一除外例を設けたる如く、露国は一般欧州国の後に残りて、また欧州の文明に一除外例を設けたり。文明と野蛮との交戦は事実なるも、そは露国が期待する如く、文明なる欧州と野蛮なる東洋との交戦と解釈すべからずして、実は黄色人の立憲国と白色人の野蛮国との交戦と解釈すべし。文明は何ぞ黄白の境界あらんや」(「列国同情の標準」〇四年四月四日)

羯南はまた、ロシアにたいする日本の戦争が、西洋諸国の多数の利害を代表してロシアと戦うものであることを説いている。戦争は、「もと帝国自家の当然なる権利利益を維持するに出づるも、間接には利害を同じうする列国のために暴を伐つものたり」(「露清患」〇四年三月七日。文中の「列国」という言葉は、当時の用例からみて西洋諸国をさすものとみて間違いない）。
「黄禍論」を批判した文章でも、羯南は次のように論じている。「日本は……ロシア人を伐って、欧米人のために平和的事業の地を拓かんと欲するものなり」（「いわゆる黄禍（禍源はロシアなり）」〇四年五月一九日）。

この黄禍論とは、やがて黄色人種の国家が興隆し、白色人種の国家の覇権が奪われるという白人の立場からできた理論である。日清戦争中の一八九五年のはじめに、ドイツ皇帝ウィルヘルム二世が説いたのが、その展開の一つの画期とされる。日露戦争当時には、この黄禍論が欧米諸国である程度普及していたために、当時の他の論者と同様に羯南もその批判に力を注いでいた。

その当時に羯南がもっとも強く警戒していたのは、日本人が中国人や韓国人を目覚めさせ、極東の国々が一体となって、やがて西洋の国々を圧倒するようになるという議論であった。羯南によると、こうした議論は中国人や韓国人を日本人と同志とみる、西洋人の妄想に基づくものにほかならない。皮膚の色という点では、日本人は中国人や韓国人と同じである。しかし「社会の根本」という点では、日本は中国や韓国とは異なる。中国や韓国でも公共ということがいわれなくはないが、公共の精神は存在しない。また、その政府は君主が家政を取るための機関に過ぎないから、君主および政府と人民とは利害を異にしている。

これらの点では、中国人や韓国人はむしろロシア人と似ており、日本人とは全く異なっている。従って日本人は、戦争について中国人や韓国人の援助を求めないし、日本人が彼らを「日本化」することもできない（「清韓人と露人（欧米人評論の誤謬）」〇四年六月二八日）。

英米など欧米人の同情を得ようとするだけにとどまらず、羯南はロシア内部における政治的階級的な対立に着目して、その革命党の活動に強い期待を示していた。「現在の露国は、数百年来の侵略政策に媒して起こりたる官吏の露国にして、国民の露国にあらず」。これに反して「革命党は露民の精神を存する者なり。彼らは自由思想を抱ける慷慨家に過ぎず」。「故に虚無といい、革命というもの、名において甚だ恐るべきに似たるも、その実において露国をしてスラブの露国たらしめ、人民をして世界普通の幸福を享受せしむると共に、無益の侵略政策を廃して世界の平和を増進せしめんとするにほかならず。吾人はかくの如き人士に向かって同情を表するを恥じず。むしろ積極的にこれを援助するをもって、志士仁人の業なりと信ずるものなり」(「露国の革命党(世の誤想を解く)」一〇四年四月一一日)。

羯南がロシアの革命党に期待した背後には、日本が敗北する場合を別にすれば、次のような場合にしか戦争は終わらないという予想があったからである。その条件とは、ロシアが内紛によって戦争を継続することができなくなることと、欧米列強が戦争を終結させるように働きかけることとが結合した場合である。

欧米諸国の世論や、敵国ロシアの内部の政治的情勢に着目する反面で、羯南は朝鮮や中国にたいしては、政府が強硬な態度を取ることを一貫して強く主張していた。戦争開始直後の一九〇四年二月二三日に、日本は韓国政府に日韓議定書を調印させた。第三国による侵害または内乱から、韓国の王室と国土の安全を守るという名目で、日本が韓国内における軍事行動と軍事基地収用の自由を得たものであった。

この議定書が発表されると、朝鮮半島は日本の自衛にとって不可欠な地域であり、地勢上やその他の理由で日本の半身であるから、議定書は「この関係より生ずる自然の結果、世界列国の視て怪しまざるべきところたり」と論じて、その調印を歓迎している（「韓半島と日本」〇四年二月二九日）。

戦局が日本に有利に展開した同年八月二二日には、第一次日韓協約が調印される。韓国政府は、日本政府が推薦する日本人一名を財務顧問に、外国人一名を外務顧問に任命すると同時に、条約の締結やその他重要な外交案件については、あらかじめ日本政府と協議すると定めたものである。

この時期になると羯南は、この協約は「根本的解決の遷延」であるとしてそれを批判し、根本的な解決は「該半島国のもはや独立にあらざることを列国に承認せしむるにあり」と説くに至っている（「戦局と朝鮮（根本的解決の遷延）」〇四年九月一一日）。

しかもここにまで至る過程において、韓国政府にたいしては徹底的に威圧的な手段をとることを主張していた。この点では、清国政府にたいする場合も変わりがなかったが、中国については政府と人民とを一応区別していたことが違っている。

「韓国を導くには買収と威圧との二法あるのみ。これ久しき経験の教ゆるところにして、我が当局者もっとに了解するところなるべし。しこうして買収は正道の許さざる所、特に指導教訓の義務ある者のなすべからざるところならん。しからば将来我が対韓手段は威圧の一法を存す。これ従来の我が外交官がなさざりしところにして、すなわち万般の過誤の根本なり」（「駐韓公使の帰朝」〇四年六月九日）

「支那人はこれを文明の域に誘導するを得べし。しかも支那政府は済度すべからず。朝鮮にいたりてはその政府もとより済度し難きのみならず、その人民もまた感化し易からず。（中略）。世人ややもすれば支那または朝鮮にたいして懐柔策を云々す。……その人民はあるいは懐柔するを得べし。しかも政府にいたりては、支那も朝鮮もただ威迫をもってするの外、他の計あるを見ず」（「支那朝鮮の政府」〇四年七月二日）

満州については、羯南は、開戦前には領土保全と機会均等を掲げて、ロシアを非難攻撃しており、その実現のための方策として、同地域において世界列国の利益を「交雑する」ことが必要である、と説いていた。開戦後になって、今こそ清国にたいする影響力を強化する好機であると説いた文章では、「日露の開戦は、実に清国のために満州を保全せんとするに基づく」（「戦功と外交（清韓の現状に危ぶむ）」〇四年四月一四日）と述べていた。

ところがその五月二日に発表した「欧州人の僻見（北亜にたいする日露の主張）」では、開戦のはじめには、日本は何ら領土上の欲望を持っていなかったが、東三省および朝鮮を領有しようとするロシアの野望を、自己の力によって阻止した以上は「これらの地の我が保護下に帰するは、自然の理数にあらずや」と論ずるに至っている。

この社説は、日本が朝鮮や満州に勢力を扶植するのではないかという欧州人の非難を批判したものであって、必ずしも満州全体の領有を主張したものではない。しかし、この文章にでてくる次のような主張は、大正時代に入ってから北一輝などによって打ちだされる「持たざる国」の権利、「国際的なプロレタリアートとしての日本の権利」という観念の先駆として見逃すことができないであろう。

「我が国はすでに人口過剰に苦しめり。もし世に荒漠無人の地あらば、我が国民はこれを開拓し、これを利用するの権利を有するものなり。しこうしてアジア北方の地は、人煙稀疎にして、富源の埋没用をなさざるもの多し。これ適当に我が民族の膨張すべきところにあらずや。我が国にしてもし戦勝の結果として、ウスリー・黒竜地方を要求することありとするも、これ天の配剤をそのままに実行するものにして、少しも異とするに足らず。何ぞ全亜主義といわん、また何ぞ黄人禍といわん」

時間が経過し日本の占領地が拡大するにつれて、羯南は戦後になって清国から満州を全面的に還付せよという要求がでてくることにたいして、警戒の念を抱くようになる。一九〇四年七月中旬に発表した「支那人の戦後策（満州三省の処分について）」は、この問題をめぐる中国側の意見を紹介検討したものであるが、その冒頭で羯南は、韓国の場合と同じように、満州の処分については「支那政府の意を伺うを要せず」、西欧諸国との関係だけを考慮すればよいと論じている。

一九〇四年一二月中旬に、五回にわたって連載した「時局の前途」では、羯南は「戦局においての敵は露国にほかならざるも、一旦和局にのぞめば我れの障害とならんものは必ず清廷なり」として、満州還付についての清国政府の動向にたいして警戒をしている。そして、自ら満州の保全ができず満州の善後策について口をだす資格がないはずの清国政府があえて口をだそうとするのは、露清の政府がぐるになっているからだと非難しながら、王朝の安全を第一とし、ロシアに満州を割いて、その後援を受け「内は人民の反抗を抑え、外は列国の要求を拒む、これ清廷最近の秘策とするところなり」と論じている。

戦争の終了が予想されるようになった一九〇五年七月中旬に、三回にわたって連載した「露清同類論」は、この前後に繰り返し羯南が説いていたものであるが、この場合にも羯南は、政府と人民とを区別しロシア政府と清国政府の同類性をいうのだ、と断っている。しかしこの場合には、羯南がツアー専制政府にたいしてロシア人民、とくに革命党を対置したときと、意味が全く逆になっていることに注意しなければならない。仮に羯南が、満州に権益を得ようとする日本の要求に抵抗する中国人民の動きを知らなかったのだとしても、清国政府が日本に抵抗できたのは、清国政府が清国人民を代表する限りにおいてのことであったからである。

これまで、日露戦争当時に羯南が発表した対外的な発言を、いくつかの面に分けて考察してきた。このような羯南の発言、とくに韓国や清国にたいする発言を読んでいると、私はある根本的な不可解さを感じないわけにはいかない。

欧米とくに英米の世論にたいして、羯南は迎合的といってよいような発言をおこなっているが、これには日露戦争が英米から借金をして英米のためにロシアと戦ったという側面を持つことが反映しているといってよいだろう。

また、韓国や中国にたいする羯南の強圧的な発言の基礎には、ロシアの侵出にたいして強く抵抗せず、日本が危険を冒してロシアと戦いその勢力を除去すると、今度は日本の勢力を排除しようとしてくるのはいったい何事かというらだちがあったようにみえる。

さらにその背後には、世界は列強とその植民地に両極分化していくから、日本が独立を失わないためには、冒険をおかしても列強の地位にのしあがっていく外はないという国際情勢についての見通しがあったように思われる。

日露戦争当時における羯南の対外的な発言をめぐって、私たちは一応このようにいうことができるし、そういうことはそれなりの意味があるといってよいであろう。それにしても、日露開戦から一年も隔たらない一九〇三年二月二〇日号の『日本人』に、「日本民族の将来、読者に高誨を促す」という長い論文を発表して、日本の対外態度について一大疑問を提出していた当の人物が、いったいどのようなひっかかりを感じながら右のような発言をしていたかということになると、羯南の全集をどれだけひっくり返してみても、私には不可解であるというほかない。

その一大疑問とは、世界の大勢は「人種の競争」「東洋人と西洋人の競争」にあるにもかかわらず、日本の外交が「異人種と連結して同人種と競争する」「欧米人と密着して東洋人種を圧迫せんとする」情勢にあるということであった。

おわりに

日本のファシズムないし軍国主義について、敗戦後には対照的な二つの有力な説が存在していたように思われる。その一つは、日本のファシズムは、波があるとはいえ明治時代から漸進的に展開してきたとみる見方であり、これは進歩派に広くみられた説であった。

他の一つは、日本のファシズムは一九三〇年前後から、軍部が台頭することによって実現したとみる見方であり、これはオールドリベラリストといわれる人々などによって説かれた説である。この説によると明治から大正にかけての時期には、日本の政治はそれなりに健全な発展をしていたことになる。

たしかに、日露戦争当時の羯南の発言をみると、敵国の政府と人民とを区別してみる見方、戦争の勝敗を彼我の政治体制のいずれが、より民衆の支持を受け民心の一致を実現しているかに関連づけてとらえる視点、人種対立の観念を否定し文明の普遍性を強調する傾向などが前面にでていた。これは、当時の日本がおかれた国際的な状況によって強制されたものであるから、羯南だけにみられる見方ではなかったが、一九三〇年代の後半から敗戦までの時期に広く現れた次のような見方と比べると、はるかに合理的であったといってよい。

その見方とは、日本の国体の独自性と永久性についての信念、「皇軍」の無敵性にたいする妄信、「鬼畜米英」という言葉に象徴されるように、敵国の人民全体を敵視する態度、個人主義や自由主義は政治的な統合と両立しないものとして、完全に排除する傾向などである。

しかし同じ羯南の発言でも、朝鮮や中国にたいするものとなると、現在の私たちには度し難い印象を与える。個々の発言は、それがなされた状況に照らしてみると、なぜ羯南がそのような意味のことをいったのかということが、一応理解できなくはない。けれども、それほど間隔をあけずになされた発言のなかに、同一人物の口からでたとはどうしても考えられないような意見がでてくる。

残っているわずかな資料からわかる限りでは、家族生活や日常生活の面における羯南は、私たちと変わりがない普通の人間である。言論活動の面における羯南は、私などよりもはるかに能力のあった人物のようにみえる。その言論をみても、対内論はそれほど怪訝の念を持つことなしに理解することができる。ところがその対外論、とくに朝鮮や中国にたいする発言となると、一人の人物の口からでたとは思えないような様相を呈する。

私たちは、日露戦争が終わるころまでに言論人がおこなった発言に、このような分裂が現れることを直視する必要があるのではなかろうか。なぜこのような分裂が現れるのかという点についての全面的な分析は後の研究に譲り、本稿ではそのような問題があるということを提出するだけで満足しなければならない。

あとがき

この本は、私がこれまでに発表した四つの論文に修正・加筆をおこなった上で、一冊にまとめたものである。はじめに、それぞれの論文を、どのような機会にどのような場所で発表したか、また、今度どの程度手を加えたかについて述べておくことにしよう。

Ｉ「明治草創――啓蒙と士族反乱」 社会評論社から『思想の海へ』という全三十六巻のアンソロジーが出版されたさいに、私はその中の第六巻『明治草創――啓蒙と反乱――』(一九九〇年)を担当した。この論文はそのための解題として書いたものである。

『明治草創――啓蒙と反乱――』という元の題は、いいだももら『思想の海へ』の編纂者が決めたものであるが、その中の「反乱」という言葉は、明治初年に起こった士族反乱と農民一揆の両方を含んでいた。

ところが私が、農民一揆については、よい文章を収集できなかった一方、士族反乱については、いわゆる士族民権関係の文書に限定したために、解題もその線に沿ったものとなった。その結果、今度論文の題名を表記のように改めたわけである。

この論文は、四つの論文の中ではもっとも新しいものであるが、今度手を加えた程度も、もっとも少ない。私自身では、文章の表現についてわずかな修正を施した程度にすぎないと考えている。

Ⅱ「中江兆民と『三酔人経綸問答』」　一九七七年に筑摩書房から発行された山本安英の会編『中江兆民の世界——三酔人経綸問答を読む』に、「兆民における民権と国権」という題で発表されたものである。

実は、このセミナーで話をすることを引き受けたさいに、私ができるのは『三酔人経綸問答』が、どのような構成になっているかということであるから、それでよければどこか適当な箇所に入れてくれるようにと述べた。今度その線に沿って「中江兆民と三酔人経綸問答」という題に改めると同時に、南海先生の部分を新しく書き加えた。しかし、書き加えた文章は、私が予想したよりもはるかに少なくてすんだ。ということは、連続セミナーにおいて紳士君と豪傑君を中心にして話をしたさいに、私は南海先生を担当する人の範囲まで、かなり踏み込んで発言をしたということである。今度、改めてそのことを強く自覚し、右のような引き受け方はするべきでなかったと深く反省した次第である。

Ⅲ「蘇峰の平民主義と羯南の国民主義」　一九七五年に刊行された岩波講座『日本歴史』第一八巻に「平民主義と羯南の国民主義」という題で掲載された。この「平民主義と国民主義」という題は、講座の編集者が決めたものであり、徳富蘇峰らの平民主義と、陸羯南らの国民主義をさしていた。しかし、私が蘇峰の平民主義と羯南の国民主義に限定して話を進めたために、今度、右のように題を変えることにした。

蘇峰については、一九七四年に筑摩書房から刊行された明治文学全集の、『徳富蘇峰集』を編集出版したさいに、そこに収録した著作をめぐってかなり詳しい解題を書いた。しかも、この仕事で自由民権期の蘇峰の主要な著作をはじめて読んだことによって、蘇峰の平民主義について、それまで不可解であった部分が、私には良くわかるようになった気がしていた。

この結果「平民主義と国民主義」では、蘇峰の部分は比較的簡単に書き、羯南の部分は詳しく書いた。これによって、徳富蘇峰を取り上げた修士論文と、陸羯南を取りあげた博士論文が、未発表であるという「負債」を、ともかくも一応返却することができたと、その当時の私は考えていた。

しかし、今度手を加えた程度は、四つの論文の中でもっとも多かった。それは、とくに蘇峰の文に多かったが、改めて個人の思想をきちっと捉え、きちっと表現することがいかに難しいかということを痛感した次第である。

Ⅳ「日清戦争後における陸羯南」筑摩書房が刊行していた近代日本思想体系の中の、『陸羯南集』に解説として発表したものである。

（未完）

植手通有集1　明治思想における人間と国家

二〇一五年五月三〇日　発　行

著　者　植手通有
発行者　渡辺弘一郎
発行所　株式会社 あっぷる出版社
〒101－0064 東京都千代田区猿楽町二－五－二
電　話 〇三－三二九四－三七八〇
FAX 〇三－三二九四－三七八四
URL http://applepublishing.co.jp/

印　刷　株式会社 平文社
製　本　有限会社 高地製本所